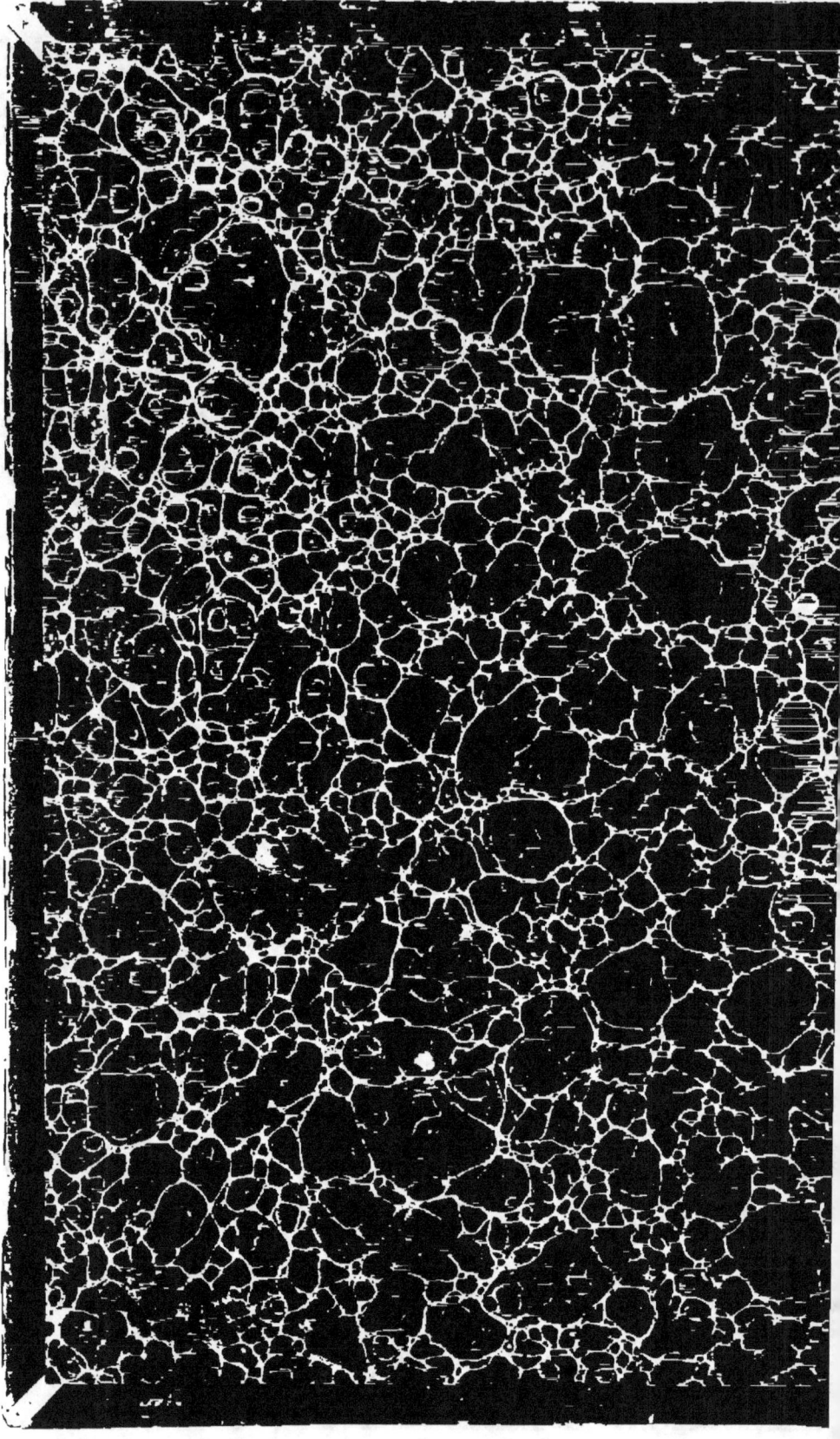

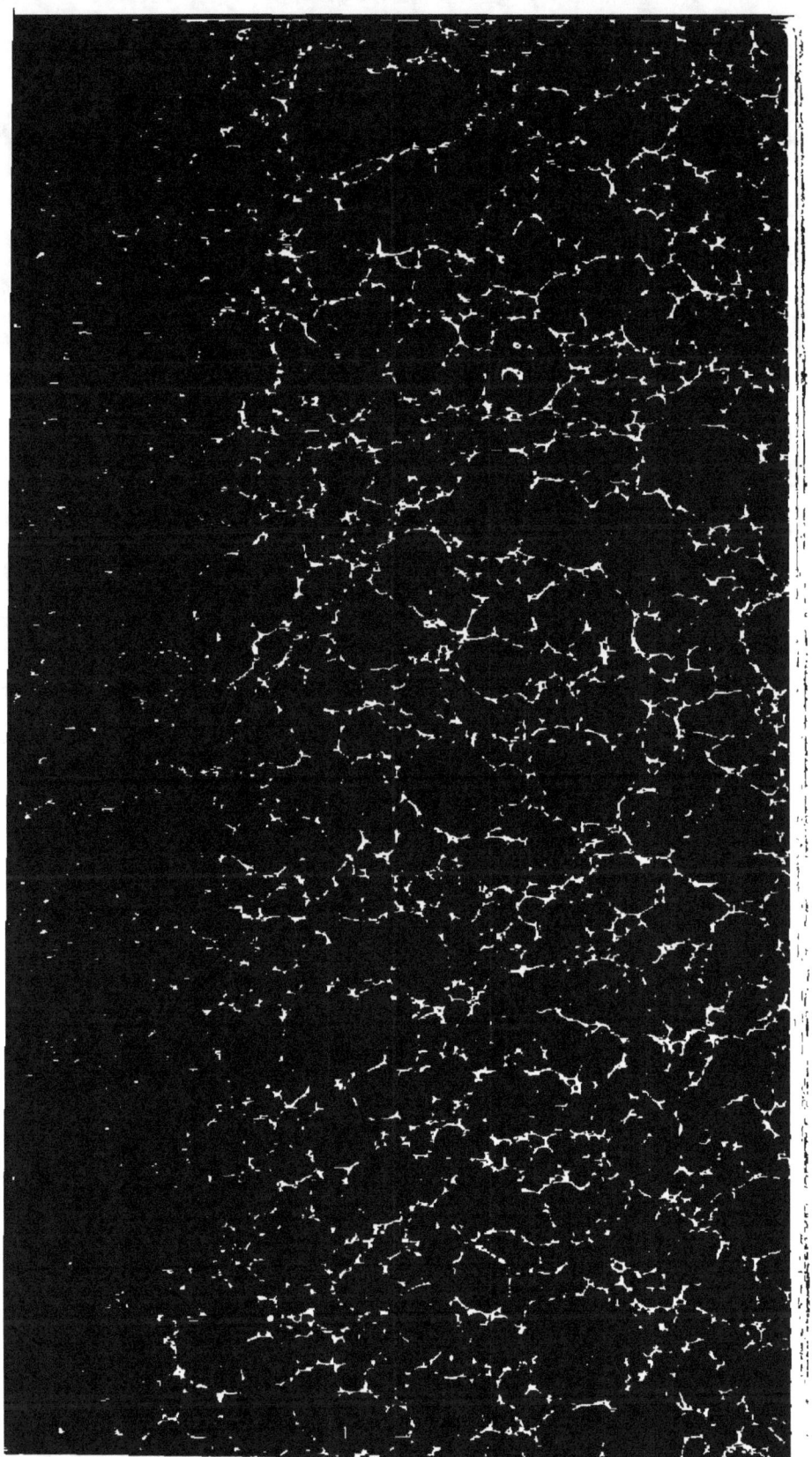

K. 199
E. 13.

K. 1199
F. 13. (art. 472.)

LETTRES
SUR L'ITALIE.

D'autres rapporteront de Rome des tableaux, des marbres, des médailles, des productions d'histoire naturelle; moi j'en rapporterai des sensations, des sentiments et des idées, et surtout les idées, les sentiments et les sensations qui naissent au pied des colonnes antiques, sur le haut des arcs de triomphe, dans le fond des tombeaux en ruines, sur les bords mousseux des fontaines.

LETTRE LXIV.

IMPRIMERIE D'HIPPOLYTE TILLIARD,
rue de la Harpe, n° 78.

DUPATY CH.es M.te J.n B.te
Né à la Rochelle en 1744.
Mort à Paris en 1788.
le 17 Septembre

LETTRES
SUR L'ITALIE,

ÉCRITES EN 1785,

Par C. M. J. B. MERCIER DU PATY.

NOUVELLE ÉDITION,

AUGMENTÉE D'UNE NOTICE SUR LA VIE ET LES ÉCRITS DE L'AUTEUR,

Par M. Louis DU BOIS,
Membre de plusieurs Académies.

Et me meminisse juvabit.

TOME PREMIER.

PARIS,

VERDIÈRE, LIBRAIRE, QUAI DES AUGUSTINS.

1824.

AVERTISSEMENT

DE L'ÉDITEUR. [1]

Ce recueil de lettres nous est tombé entre les mains par un événement dont il est inutile de rendre compte au public.

Si le public accueille celles-ci, nous en publierons, avant peu, quelques autres, sur le même sujet.

Ceci n'est pas un voyage d'Italie, mais un voyage en Italie.

L'auteur, à mesure que les objets passaient sous ses yeux, communiquait à sa famille et à ses amis

---

[1] Cet avertissement se trouve en tête de la première édition de ces Lettres. Paris, 1788. In-8°.

quelques-unes des impressions qu'il recevait : voilà ces lettres.

Si l'on veut des faits, il faut lire le Voyage d'Italie par M. de La Lande, de l'Académie des sciences ; c'est, sans contredit, l'ouvrage sur l'Italie le plus détaillé, le plus exact et le plus instructif : je parle de la dernière édition [2].

Vous pourrez consulter encore le Voyage pittoresque de Naples et de Sicile [3], et celui de M. Swinburne, si bien traduit de l'anglais en français, par mademoiselle de Kéralio [4].

On rencontrera plusieurs lettres qui ont déjà paru, tronquées, il est vrai, et défigurées. On les a attribuées à un magistrat ; mais cette

---

[2] 9 vol. in-12. 1786.

[3] Par l'abbé de Saint-Non. Paris, 1781 à 1786. 5 vol. in-fol., avec 468 planches.

[4] Paris, 1785. 5 vol. in-8°.

foule de gens qui se connaissent en style ne s'y trompera point.

On reprochera peut-être à l'auteur d'avoir écrit plusieurs endroits avec un certain enthousiasme, avec sensibilité ; mais souvent il a écrit en présence même des objets, et il a le malheur de sentir.

On pourra encore accuser le style d'être quelquefois poétique. Comment donc décrire un tableau, sans en faire un ?

Ceux pour qui les arts ne sont rien, qui n'ont nulle idée ou nul sentiment du beau, sont bien à leur aise pour critiquer ceux qui en parlent.

L'auteur de ces Lettres est loin de la prétention d'avoir épuisé son sujet : il ne l'a pas même tenté. Il a cueilli, en courant, sur les bords de ce champ immense, quelques fleurs et quelques épis.

AVERTISSEMENT.

Peut-être, en cela même, a-t-il osé trop : peut-être eût-il dû consulter davantage la médiocrité de ses talents.

Mais il faut espérer qu'un jour le jeune Anacharsis *, après avoir voyagé dans la Grèce avec tant de succès et de gloire, visitera aussi l'Italie.

---

* C'est le sujet d'un grand et bel ouvrage qui doit paraître incessamment, et qu'on attribue à M. l'abbé Barthelemi, dont l'érudition, la philosophie et le goût sont célèbres. (*Note du premier éditeur.*) [a]

[a] Il parut en 1788, à Paris, chez De Bure, 4 vol. in-4°, et fut, depuis cette époque, fréquemment réimprimé dans divers formats.

NOTICE

SUR

LE PRÉSIDENT DU PATY.

La magistrature française, qui, à toutes les époques de notre monarchie, se signala par beaucoup de talents, de caractère et souvent même de courage, ne manifesta jamais ces nobles qualités réunies avec autant d'éclat que vers la fin du dix-huitième siècle.

La philosophie avait élevé les idées et jeté une lumière plus vive et plus pure sur les questions les plus importantes de l'organisation sociale, depuis la simple morale privée, qui commence les associations humaines, jusqu'à la jurisprudence, soit civile, soit criminelle, qui règle les plus nombreux intérêts et préside à l'existence même, jusqu'à la politique transcendante, qui doit introduire enfin la bonne foi et le bon sens dans les cabinets même de la diplomatie.

Cette lumière, qui achevait de dissiper les épaisses et longues ténèbres que la barbarie avait étendues sur l'univers depuis tant de siècles; cette lumière pourtant céleste, puisque la raison humaine est un rayon de l'essence divine, cette lumière pure et vraie, était trop vive pour certains yeux : elle faisait enfin apercevoir dans leurs hideuses formes les monstres des abus, des préjugés, des erreurs, des crimes et de toutes les corruptions, jusqu'alors révérés comme des institutions sacrées. Toutefois, nos rois avaient d'âge en âge, quoique d'une main timide et parfois asservie, élagué quelques-uns des rameaux les plus funestes de l'arbre gothique, qui, comme le Buon-Upas de Java, portait la mort et la désolation sur tout ce qui l'approchait; toutefois on avait, et l'époque en était récente, supprimé quelques couvents, anéanti une partie de la torture; la corvée et les jurandes disparaissaient ; les protestants étaient moins rigoureusement persécutés... De nouveaux abus allaient tomber aussi ; mais les sages, qui préviennent les révolutions en faisant à propos les concessions que réclame l'opinion, cette reine du monde, cette seule puissance qui ne craint pas d'être jamais détrônée, mais les philosophes étaient calomniés et persécutés ; mais les ministres amis du monarque et du peuple, attaqués avec perfidie et scélératesse dans les cours, étaient bientôt disgraciés et chassés loin du prince, qu'ils eussent éclairé. Il fallait donc attendre du temps et des progrès de la raison les réformes reconnues nécessaires, et, par de judicieux écrits, par de bonnes actions, répandre la lumière sur les nations, afin qu'il pût en filtrer quelques rayons jusque dans les conseils des princes, malheureusement envahis et subjugués presque exclusivement par les classes privilégiées, intéressées au maintien des abus comme des iniquités utiles à leurs prétentions.

Tel était à peu près l'état des choses, quelques années avant la révolution de 1789.

A cette époque, aussi remarquable sous les rapports politique et civil que l'avait été, à l'égard du fanatisme, le commencement du seizième siècle ; à cette époque, qui définitivement ne sera pas moins décisive, une salutaire influence était exercée par les actions courageuses et les courageux écrits des Voltaire et des J. J. Rousseau, et, dans la magistrature spécialement, des Montesquieu, des La Chalotais, des Servan, des Monclar, des Du Paty, des Thouret, des Target et des Elie de Beaumont.

Souvent la proscription, les cachots et l'exil avaient été le prix des plus estimables actions, et les écrits les plus recommandables avaient été livrés, par la main du bourreau, au feu des bûchers, que l'on n'osait pourtant plus employer contre les auteurs.

L'un des plus éloquents et des plus courageux apôtres de la vérité fut l'auteur des Lettres sur l'Italie, du Mémoire pour les Condamnés à la roue, et des Lettres sur la Procédure Criminelle.

Avant de lire l'ouvrage que nous reproduisons, avec quelques améliorations, nous croyons qu'on trouvera utiles les détails que nous allons donner sur celui qui l'écrivit.

Charles-Marguerite-Jean-Baptiste Mercier Du Paty naquit à La Rochelle, en 1744, et mourut à Paris, le 17 septembre 1788.

Il appartenait à une famille noble, dont plusieurs membres lui avaient légué l'exemple et les traditions des vertus et du talent. Son père, homme de lettres fort éclairé, était trésorier de France; son aïeul avait été conseiller au conseil supérieur du Cap-Français.

Charles Du Paty perdit de bonne heure son excellent père : il fut heureusement dédommagé de cette perte cruelle par sa vertueuse mère, dont la tendresse, les lumières et l'esprit achevèrent l'ouvrage que son digne époux avait si bien commencé. Les bonnes études et les bons exemples ne manquèrent pas au jeune Du Paty : Montesquieu, nos autres philosophes, les ouvrages de nos meilleurs jurisconsultes, ceux même qui, dans un déplorable aveuglement, avaient fait l'apologie des monstruosités de nos codes, furent lus et médités avec une rare sagacité, avec une raison supérieure.

Du Paty avait, bien jeune encore, fait frapper une médaille en l'honneur de cet Henri IV, dont Voltaire popularisa la mémoire, éteinte depuis long-temps; il fonda en outre, à l'Académie de La Rochelle, un prix pour l'éloge de ce bon roi[*]. Le discours qu'il prononça

[*] La Harpe concourut; mais le prix fut remporté par Gaillard.

à ce sujet, éminemment patriotique, fut adressé, avec des vers, à Voltaire, qui en félicita l'auteur, par une lettre du 27 mars 1769.

« Un beau siècle se prépare,
» écrivait le philosophe de Ferney;
» vous en serez un des plus rares
» ornements ; vous ferez servir vos
» grands talents à écraser le fana-
» tisme, qui a toujours voulu qu'on
» le prît pour la religion... »

Dès cette époque, d'après la lettre de Voltaire, il paraît que le jeune Du Paty cultivait la poésie. Il ne manque en ce genre ni de feu, ni d'imagination, mais de précision et de propriété de termes, si l'on juge d'un talent qu'il exerça peu, par le petit nombre de pièces de vers que nous connaissons de lui ; savoir : les six Élégies, traduites de Properce et de Tibulle, qu'il a insérées dans ses Lettres sur l'Italie, et une autre Élégie, traduite de Properce, que nous imprimons dans l'Appendice du second volume.

Du Paty avait composé un Essai sur Quintilien, dont le manuscrit lui fut volé, dans le Palais-Royal, au sortir d'une société académique où il en avait fait lecture.

Tels sont à peu près ses ouvrages purement littéraires, avec les Lettres sur l'Italie, dont nous parlerons bientôt.

En 1769, lorsqu'il parvenait à sa vingt-sixième année, Du Paty fut nommé avocat-général au Parlement de Bordeaux. Déjà membre de l'Académie de La Rochelle, il le devint de celle de Bordeaux, le 9 février 1769. Il y proposa, l'année suivante, l'éloge de Montaigne, pour le prix duquel il fit les fonds nécessaires*.

* Ce fut l'abbé Talbert qui fut couronné.

En prenant place dans une de nos premières Cours supérieures, où depuis il devait monter à la présidence, le jeune Du Paty obtenait ainsi une honorable fonction, qu'il honora encore de son caractère énergique, de sa science précoce et de sa nerveuse éloquence. C'était déjà une place périlleuse pour l'homme courageux qui ne savait pas préférer à la voix de sa conscience les suggestions du pouvoir, et qui voulait, organe impassible de l'impassible loi, en même temps que citoyen fidèle à l'humanité, la première des lois,

Marcher dans sa force et dans sa liberté.

Son premier discours fut justement applaudi : il réalisa les espérances que donnait son mérite déjà connu, et montra dans quelles voies le jeune magistrat se proposait d'entrer. Il ne tarda pas à faire briser les fers d'un père de famille injustement arrêté, et qui, sans protection, était aussi sans reproche. Ce fut un des plus doux triomphes que l'éloquence eût fait obtenir à Du Paty. Vers le même temps, il mérita les éloges de Diderot, pour un beau discours, dans la cause d'une veuve accusée d'avoir forfait après l'année du deuil.

Peu de temps après, en 1770, de grands et stériles débats s'élevèrent, au détriment de l'autorité et sans avantage pour le peuple, entre le ministère, qui prétendait représenter le roi, et les Parlements, qui se vantaient de représenter la nation. Du Paty ne pouvait rester neutre : il écrivit avec loyauté et courage. C'était encourir et mériter la persécution : il en reçut les honneurs. Il fut, sur la fin de 1770, enfermé à Lyon, au château fort de Pierre-Encise. Ainsi, celui qui avait fait briser les fers de l'innocence, innocent lui-même, fut condamné à en subir la rigueur. Le Parlement de Bordeaux réclama sa liberté, et le ministère, revenu à la modération, sinon des sentiments, du moins des mesures, ne tarda pas à l'accorder.

Du Paty ne craignit pas de le dire, dans une harangue solennelle : « Mon rappel n'est point une » grâce ; je le regarde comme un » acte de justice. »

C'en fut un aussi que sa nomination aux fonctions de président à mortier dans ce même Parlement dont il avait été la lumière et l'honneur.

Cependant quelques vieux magistrats, nourris dans la routine, abrutis par les préjugés, servilement attachés à la pusillanimité des anciennes erreurs, parce qu'ils ne se doutent pas que la vérité est plus ancienne encore, coalisèrent tous leurs efforts pour empêcher l'admission de Du Paty, dont les talents, la philosophie et l'ardeur leur causaient de l'ombrage, de la jalousie et de l'effroi. Il fallut pourtant céder à la voix de l'opinion publique et aux ordres du roi*.

Ces persécutions ne firent qu'ajouter à la réputation de Du Paty, qui n'avait pourtant besoin que de ses talents pour parvenir à la renommée.

Voltaire, qui, de sa retraite de Ferney, régnait véritablement sur les opinions européennes, infailli-

* On imprima à Bordeaux, en 1775, le Discours que Du Paty prononça cette même année à la première audience de la grand'chambre, après la rentrée du Parlement.

ble appréciateur de tout ce qui était juste et beau, toujours prêt à encourager ce qui était utile à l'humanité, sa plus forte et sa plus durable passion ; le défenseur des Calas et de tant d'autres victimes des tyrannies religieuse et politique, s'exprimait ainsi sur le compte du président Du Paty, dans une lettre à M. François de Neufchâteau (18 novembre 1777) : « M. Du » Paty daigna autrefois honorer ma » retraite de sa présence, lorsqu'il » était un peu victime de son élo- » quence et de son courage : c'est » un homme d'un rare mérite et » qui est fait pour sentir le vôtre. »

Roucher, à propos des fonctions de Du Paty, son ami, s'exprime ainsi, dans le neuvième chant du poëme des Mois :

Je ne veux confier ce sacré ministère
Qu'à l'homme vertueux dont l'éloquence austère

N'adopte, pour tonner contre l'oppression,
Ni mot injurieux, ni lâche passion;
Qu'à l'inflexible honneur il soit resté fidèle,
Et qu'enfin Du Paty lui serve de modèle.
Peut-être à ce seul mot, Du Paty, rougis-tu?
Mais à notre amitié, bien moins qu'à ta vertu,
Je devais aujourd'hui ce solennel hommage.
Ah! si ces faibles vers, qu'ennoblit ton image,
Peuvent franchir des ans l'espace illimité
Et consacrer ma muse à l'immortalité,
On saura que j'avais pour ami véritable
Un homme incorruptible, intrépide, équitable,
Qui, sensible aux malheurs par le peuple soufferts,
Sut braver, jeune encore, et l'exil et les fers.

Poursuis-donc, Du Paty, ta course glorieuse;
Et, tandis qu'au Sénat ta main victorieuse
Couvrira l'opprimé de l'égide des lois,
Moi, qu'un autre destin fit pour d'autres emplois,
Au nom des saintes mœurs dont l'intérêt m'enflamme,
J'ose, dispensateur de l'éloge et du blâme,
Faire entendre ma lyre à ces flots de guerriers
Qui viennent aujourd'hui, le front ceint de lauriers,
Dans la paix, que l'hiver accorde à la patrie,
Attendre le retour de la saison fleurie.

Un nouveau motif de déployer ce courage civil, le premier de tous, et cette éloquence dont Voltaire avait fait l'éloge, se présenta à M. Du Paty, qui saisit l'occasion avec ardeur comme avec persévérance.

De quatre infortunés, injustement et avec légèreté condamnés, pour un vol prétendu, au supplice atroce de la roue, par le Parlement de Paris, le 20 octobre 1785, trois survivaient à cet affreux jugement, attendant, au fond d'un cachot, sans espoir, parce qu'ils se croyaient sans protection, une mort d'autant plus horrible qu'elle n'était pas méritée. Lardoise, Simare et Bradier gémissaient dans les fers depuis près de trois ans : Du Paty, convaincu de leur complète innocence, fit, par un mémoire énergique, éloquent et touchant, passer dans l'ame de ses lecteurs la conviction et l'attendrissement. Ils furent sau-

vés, en 1786, et l'auteur du Mémoire * fut encore persécuté....
Tant il est difficile de faire le bien et d'obtenir le redressement des faux jugements sans offenser ces corps qui, s'ils n'osent pas se vanter d'infaillibilité, en recherchent néanmoins les priviléges et veulent souvent, à quelque prix que ce soit, s'en assurer les honneurs. C'est au sujet de cette éclatante affaire que l'abbé Morellet s'exprime ainsi (Mémoires, tom. Ier, pag. 59):
« M. de Malesherbes me dit : Sa-
» chez que cette jurisprudence
» d'Eymeric et de son inquisition
» est, à très peu près, notre juris-
» prudence criminelle tout en-
» tière. Je fus confondu de cette
» assertion, qui me parut alors un

---

* Mémoire justificatif pour trois hommes condamnés à la roue. 1786, in-4° et in-8°, sans nom d'auteur.

» paradoxe; mais depuis, j'ai bien
» reconnu qu'il avait raison, et
» M. Séguier surtout m'en a bien
» convaincu par son Réquisitoire
» contre les accusés qu'a défendus
» M. Du Paty. » Ce fut sur ce Réquisitoire et pour prix des plus nobles efforts, qu'un arrêt du Parlement de Paris, du 11 auguste 1786, condamna le Mémoire justificatif à être lacéré et brûlé par la main du bourreau. A propos de cette mémorable affaire, où le président Du Paty eut le double honneur de sauver ses trois clients et de voir brûler, par le bourreau, le Mémoire qui les avait soustraits à la mort, l'illustre et malheureux Condorcet écrivait ce qui suit, dans son excellente Vie de Voltaire : « C'est
» ainsi qu'on a vu un magistrat
» enlevé trop tôt à ses amis et aux
» malheureux, intéresser l'Europe

» à la cause de trois paysans de
» Champagne, et obtenir, par son
» éloquence et par la persécution,
» une gloire brillante et durable,
» pour prix d'un zèle que le senti-
» ment de l'humanité, l'amour de
» la justice, avaient seuls inspiré.
» Les hommes incapables de ces
» actions ne manquent jamais de
» les attribuer au désir de la renom-
» mée : ils ignorent quelles angois-
» ses le spectacle d'une injustice
» fait éprouver à une ame fière et
» sensible, à quel point il tour-
» mente la mémoire et la pensée,
» combien il fait sentir le besoin
» impérieux de prévenir ou de ré-
» parer le crime; ils ne connaissent
» point ce trouble, cette horreur
» involontaire qu'excitent dans tous
» les sens la vue, l'idée seule d'un
» oppresseur triomphant ou im-
» puni. »

L'année précédente, en 1785, le président Du Paty avait entrepris un voyage en Italie, pendant lequel il fit de judicieuses observations sur la jurisprudence criminelle, l'économie politique, les mœurs, les monuments et les beaux-arts. Les LETTRES qu'il écrivit sur les lieux mêmes, tracées de verve et d'inspiration, empreintes d'émotions et de sentiments, attestent la vivacité des impressions qu'il reçut dans ces augustes contrées, qui rappellent tant de souvenirs, offrent tant de monuments, font naître tant de pensées généreuses, et ne manqueront jamais d'inspirer aux grands cœurs le vœu, le noble vœu de voir enfin ce beau pays gouverné par lui-même et mis enfin à l'abri de l'invasion de ces barbares qui ne veulent pas que les Italiens aient aussi une patrie.

Les Lettres sur l'Italie sont l'ouvrage le plus connu et le plus répandu de toutes les productions de l'auteur. Imprimées pour la première fois en 1788, vers l'époque de la mort de Du Paty *, elles ont eu souvent les honneurs de la réimpression dans les divers formats in-8°, in-18, in-32. Le style assurément n'est pas à l'abri de reproches; mais on ne saurait contester qu'il est remarquable par l'éclat, l'originalité, le sentiment, l'esprit, la variété des tournures, le mouvement, et souvent aussi par cet enthousiasme, plus naturel qu'on ne croit communément, dont les hommes sensibles éprouvent l'effet à

---

* Paris, De Senne, 1788, in-8°. 2 vol., sans nom d'auteur. Indépendamment des Lettres que nous connaissons, Du Paty en a laissé sur les autres parties de l'Italie et sur la Sicile : elles n'ont pas encore été imprimées.

l'aspect du beau ciel, devant les antiques monuments, en présence des admirables productions des beaux-arts, que l'Italie offre partout aux voyageurs, qui ont le bonheur de jouir à la fois du passé et du présent sur ce sol vénérable et sacré.

Après cette Grèce héroïque, qui, en présence et à la honte des chrétiens, spectateurs muets et froids du carnage, de l'incendie, de tous les outrages et de toutes les horreurs dont la barbarie est capable, a, seule et sans secours, vengé son honneur, ressuscité sa gloire, multiplié les prodiges du dévouement, et proclamé, devant l'autel de la victoire, l'indépendance du sol et la liberté de l'homme; après cette noble Grèce, qui, comme aux temps antiques, sera assez heureuse pour ne devoir qu'à elle sa vengeance, ses triomphes et sa félicité, quelle contrée, en effet, mérite autant d'admiration que cette Italie,

> Bel paese
> Ch' Apennin parte, e l' mar circonda, e l'Alpe,

qui, seule au monde, fut honorée de deux grands siècles littéraires, sous Auguste et les Médicis ; qui, pour les modernes, ressuscita les arts et les lettres ; qui livra à l'imprimerie les manuscrits les plus importants de l'antiquité ; qui, grande sous la république romaine, ne succomba que sous la coalition démesurée de tous les barbares réunis ; qui lutta si énergiquement encore pendant les siècles nébuleux de l'ignorance; et qui, toujours objet d'envie, d'admiration et d'effroi, ne doit sa mutilation qu'à la terreur héréditaire que son antique puissance continue d'inspirer aux descendants des barbares qu'elle opprima, et par qui elle fut opprimée. Oui, poétique et sublime contrée! le fer et la torche de ces barbares, la faux du temps, les commotions épouvantables de tes volcans enflammés, les torrents débordés de la lave brûlante, l'ignorance destructive de tes papes, les ravages de tes guerres civiles, ont inutilement ligué leurs efforts dévastateurs. Auguste et noble Italie! ton ciel est toujours pur, ton soleil n'a point perdu ses feux; tes souvenirs gardent leur magie, tes sites leur enchantement, tes montagnes leur majesté pittoresque; ton génie a reproduit les arts, les lettres et les sciences; tes vers et ta musique sont riches de mélodie et de charmes; tes femmes sont toujours belles; la plupart de tes citoyens sont encore généreux, et n'ont pas abjuré leurs souvenirs ; tes monuments et tes ruines ne cesseront jamais d'être vénérables. Le despotisme et la superstition se flattent vainement ; leurs sinistres espérances ont menti : leur règne est anéanti à jamais. Tant qu'un soleil pur te luira, ton sol réparateur te rendra l'abondance et les arts ; ils reproduiront les nobles pensées, et les fiers sentiments, et les résolutions énergiques qui feront naître les efforts généreux ; et sur cette terre classique de tout ce qui est grand et beau, où le mot Liberté apparaît en tous lieux, cette auguste divinité reprendra son empire et ses droits.

C'est principalement pour ce qui concerne la législation et les autres matières plus familières à Du Paty, qu'il excelle, et qu'il présente des aperçus fins et des observations justes. « C'est ici, dit La Harpe, » qu'il paraît être sur son terrain ; » ce sont les matières dont il s'est » le plus occupé, et sur lesquelles » il pense le mieux ».

Ces matières, en effet, qui tiennent de si près aux plus chers intérêts de l'humanité, avaient long-temps, et utilement, occupé le président Du Paty. Elles lui inspirèrent ses savantes et philosophiques Lettres sur la Procédure Criminelle de France, qui parurent en 1788, en 1 volume in-8°, et, comme ses principaux ouvrages, sans nom d'auteur. La force s'y joint à la sensibilité, et l'ouvrage contribua puissamment à une révolution indispensable dans les codes criminels de l'Europe ; révolution invoquée par tous les bons esprits, et notamment en 1777, par Voltaire, qui annonça, dans la gazette de Berne, du 15 février, le Prix de la Justice et de l'Humanité, pour lequel il fit parvenir cinquante louis à la Société économique de cette ville, qui, pour le même objet, reçut diverses sommes, dont quelques-unes lui furent envoyées par le roi de Prusse et le landgrave de Hesse.

Il y a lieu de croire que l'avocat général de Bordeaux, le défenseur des infortunés de Chaumont, n'eût pas borné à ces Lettres ses efforts en faveur de l'humanité. En effet, Roucher, son digne ami, nous dit, dans les notes du neuvième chant de ses Mois, que Du Paty « avait » la noble et légitime ambition de » placer son nom à côté du nom de » Montesquieu, par un grand ou- » vrage sur la justice criminelle. »

Les Lettres sur la Procédure Criminelle de France furent le chant du cygne, le dernier écrit que publia Du Paty. Dans la même année (1788), le 17 septembre, à l'âge de 44 ans, il fut prématurément enlevé à ses amis, aux lettres, aux malheureux, et vraisemblablement à l'assemblée nationale de 1789, où il eût été appelé, sans nul doute, à plaider, à la première tribune du monde, la cause éternellement sacrée de la justice et de l'humanité. Il eût uni ses nobles accents à ceux des Mirabeau, des Mounier, des La Fayette, des Bailly, des Lally-Tolendal, des Thouret, et de tant d'autres orateurs citoyens, véridiques organes de l'opinion publique, défenseurs généreux des droits des nations et des hommes, et fondateurs immortels d'une véritable représentation nationale.

Magistrat intègre et courageux,

bon époux et bon père, excellent citoyen, orateur éloquent, écrivain distingué : tel fut Du Paty.

Son éloge fut écrit par Diannyere, en 1789. En 1819, M. Auguis publia une notice sur ce magistrat, en tête d'une jolie réimpression des Lettres sur l'Italie. Il fut aussi l'objet de quelques hommages poétiques. Indépendamment des vers de Roucher, que nous avons fait connaître plus haut, MM. François de Neufchâteau, Simon de Troyes et le marquis de Ximenès lui en adressèrent avec des compliments dont il était digne, autant que des trois lettres qu'il reçut de Voltaire. Toutefois, nul hommage ne doit plaire aux mânes du vertueux Du Paty autant que les vers de son fils Emmanuel, dans le poëme des Délateurs (fin de la 2e partie) :

. . . . . . Et toi surtout, mon père !
J'ai gravi sur le roc où tu fus enchaîné
Lorsque tu défendais l'innocent condamné.
Les maux que tu souffris attristaient ma mémoire ;
Mais j'oubliai tes fers en contemplant ta gloire.
Au prix des mêmes fers puissé-je t'imiter !
Pour la France et l'honneur mes chants vont éclater.
De mes vers généreux, empreints de ton courage,
A tes mânes alors j'oserai faire hommage.
Dans ces temps où le crime avait tout confondu,
Le sentier paternel sous mes pas s'est perdu ;
Et de rang et de biens dépouillé par l'orage,
J'allai chercher au Pinde un reste d'héritage,
Emportant, sur la rive où le sort m'a jeté,
Ton amour pour la France et pour la liberté.
Là, de tes sentiments j'ai conservé la flamme ;
Heureux si, me montrant héritier de ton ame,
Tu pouvais, à l'ardeur qu'il sent pour son pays,
A défaut de talents, reconnaître ton fils !

Terminons cette Notice par quelques réflexions relatives aux LETTRES SUR L'ITALIE, dont nous donnons une nouvelle édition, que nous désirons rendre meilleure que toutes les précédentes.

La grande vogue, disons mieux, la réputation justement honorable de l'ouvrage l'a toujours fait rechercher, quelle qu'en fût l'exécution. Aussi, à très peu d'exceptions près, chaque réimpression a toujours reproduit les incorrections des éditions antérieures. L'auteur avait visité rapidement l'Italie; il avait écrit plus rapidement encore. Quelques inexactitudes, faciles à corriger, se faisaient inutilement remarquer, et choquaient en vain les lecteurs les moins familiarisés avec l'objet de ces Lettres: ces inexactitudes continuaient de subsister. L'orthographe d'une foule de noms importants était barbare : on eût dû la rectifier pour les faire reconnaître. A cette époque où l'on prodigue l'ornement de la gravure, comment n'avait-on pas songé à l'introduire dans un livre qui le réclame si impérieusement? Tous les voyageurs qui parcourent l'Italie, surtout les dames et les jeunes gens, lisent et relisent, en la visitant, les Lettres de Du Paty, et l'on n'avait pas eu égard aux regrets et aux réclamations qu'ils faisaient entendre sur les imperfections de cet ouvrage, qui, en devenant plus charmant encore, serait aussi plus utile.

Indiquer ces défauts, signaler ces améliorations, c'est dire assez qu'ils ne nous ont pas échappé, et qu'elles nous ont paru nécessaires; c'est, en outre, prendre l'engagement d'employer tous nos soins pour rendre cette nouvelle édition des Lettres sur l'Italie plus digne de leur auteur et du public.

Nos principales améliorations sont une carte d'Italie, et la gravure des principaux monuments dont parle Du Paty; un itinéraire de la partie de l'Italie qu'il a visitée; deux Appendices, dans lesquels nous avons rassemblé, pour la commodité et l'agrément des voyageurs qui sont privés d'ouvrages à qui ils puissent avoir recours, le texte latin de celles des Elégies de Tibulle et de Properce qu'a traduites Du Paty; quelques fragments de poëtes, soit italiens, soit français, qui ont chanté Vaucluse et l'Italie; et quelques morceaux de prose de Du Saulx, sur cette fontaine; de Winckelmann, sur l'Apollon du Belvédère, et de madame de Staël, sur l'Italie, sur Naples et ses environs, sur Florence, sur les collines de Rome, etc.

Tout en sentant la nécessité de placer quelques notes instructives au bas de la plupart des Lettres, nous avons évité le reproche fait parfois à quelques lourds commentateurs qui surchargent d'annotations des ouvrages légers, semblables en cela, comme disait un homme d'esprit, à ces douaniers qui fixent des plombs sur les gazes d'Italie. Nous avons voulu être instructifs sans pédanterie, et ne pas ralentir à chaque pas le plaisir que l'on goûte à la lecture des brillantes Lettres de Du Paty, toutes écrites de verve, dans le pays et sur les objets les plus propres à la porter jusqu'à l'incandescence de l'enthousiasme et du ravissement.

Louis Du Bois.

Les renvois marqués par des lettres ou par des chiffres appartiennent à l'Éditeur.

LETTRES SUR L'ITALIE,

en 1785.

LETTRE I.

A Avignon. — *Avril.*

Je suis arrivé avant-hier à Avignon. Ne désespérez pas à Paris du printemps : je l'ai rencontré à l'entrée du Comtat.

Mes premiers empressements ont été pour la fontaine de Vaucluse. J'ai été la voir hier. Je ne sais pourquoi je dis hier; car il me semble que je la vois encore aujourd'hui.

Je crois voir encore aujourd'hui s'échapper du milieu d'une chaîne de montagnes, comme du fond d'un vaste entonnoir, une rivière qui monte, s'élève et tout à coup se déborde avec une impétuosité, avec un tonnerre, avec un bouillonnement, avec une écume, avec des chutes que le pinceau du poëte, ni celui du peintre, ne rendront jamais. C'est la fontaine de Vaucluse. Un instant après, cette rivière se calme, comme un heureux naturel que la vivacité emporte d'abord, et que soudain la bonté modère. Elle change alors ses flots d'argent en flots d'azur, et les verse, et les roule, et les abandonne sur un tapis d'émeraudes : mais bientôt elle se divise en une multitude de petits ruisseaux pour courir à travers un vallon charmant. En sortant du vallon, ces ruisseaux se réunissent, et partent de nouveau tous ensemble, par cent routes différentes, pour aller arroser, féconder, embellir, sous le nom de la Sorgue, le délicieux Comtat d'Avignon.

La peinture que l'abbé Delille a tracée de ce beau séjour [5] est très exacte.

[5] *Les Jardins*, à la fin du chant III.

J'ai vérifié tous les vers : ils disent la vérité, comme de la prose, ce qui n'est ordinaire ni aux voyageurs, ni aux poëtes. Ces vers, cependant, ne peuvent donner l'idée de ce lieu : ils n'en donnent que le souvenir. Il en est de même des portraits et des descriptions à l'égard de tous les objets. Je n'ai trouvé dans les vers, ni tant d'écume, ni tant de fracas, ni tant de murmures, que m'en a offert la fontaine. On n'y voit pas non plus ces rocs si noirs, qui forment un contraste admirable avec la neige des flots qui s'y brisent; enfin, le poëte n'y a pas déployé ce brillant tapis d'émeraudes où la naïade se repose.

Vaucluse offre à la fois le tableau le plus admirable et le phénomène le plus singulier. Mais je dirai avec le poëte [6] :

Mais ces eaux, ce beau ciel, ce vallon enchanteur,
Moins que Pétrarque et Laure intéressaient mon cœur.

Ce souvenir de Pétrarque et de Laure anime tout le paysage : il l'embellit, il

[6] Delille.

l'enchante. J'ai cherché des traces de ces amants sur tous les rochers : c'est donc ici, disais-je, qu'ils venaient s'asseoir ensemble ; que Pétrarque a tant aimé, a répandu tant de larmes ; qu'il a poussé tous ces soupirs immortels que nous entendons encore. Je me suis assis sur la pente d'un rocher ; et là je me suis enivré, pendant une heure, du bruit de ces eaux, de la verdure de ces gazons, de l'azur de ce beau ciel, de la jeunesse du printemps, et du souvenir de Laure. Là, j'ai appelé, j'ai rassemblé autour de mon cœur tous les objets qui me sont chers. Je me suis figuré tous mes enfants sautant sur ces gazons, courant sur ce rivage, et frappant à l'envi les échos et mon cœur de mille cris de bonheur et de joie.

Avant que de partir, j'ai voulu savoir si, comme l'assure l'abbé Delille, *l'écho n'avait pas oublié le doux nom de Laure* [7].

[7] Voici le vers de Delille :
Et l'écho n'avait point oublié ce doux nom.

N'en déplaise au poëte, l'ingrat en a oublié la moitié.

Adieu, charmante fontaine de Vaucluse [a]. On connaît à peine les lieux où Alexandre a gagné ses batailles ; on reconnaîtra éternellement les lieux où Laure et Pétrarque ont aimé : les murmures de ton onde, ô Vaucluse, et les vers des chantres des Jardins et des Mois [8] les diront à tous les siècles !

LETTRE II.

A Avignon.

J'ai encore peu de choses à vous dire sur Avignon. Je n'y suis que depuis trois jours : vous me répondrez peut-être que M. *** a fait un voyage d'Italie, et n'a pas quitté la France.

[a] Voyez, dans les Appendices de ce volume, les n°s I à IV.

[8] Roucher. *Les Mois*, chant VII.

Voici quelques détails qui m'ont frappé.

Le vice-légat juge au criminel, souverainement, et au civil, en premier ressort. Cet usage est commun, dit-on, en Italie.—Pourquoi donc?—La justice civile menace principalement les riches; la justice criminelle, les misérables.

Le vice-légat a le droit de faire grâce; étrange aliénation de la souveraineté! Il est vrai que les tribunaux, en France, ont souvent le droit d'empêcher le roi de la faire : aliénation plus étrange!

Le pape est si content de son vice-légat, qu'il vient de le créer porte-chandelier de sa chapelle : c'est dans le gouvernement du pape une promotion.

J'ai vu hier un homme qui sort des galères, auxquelles ce porte-chandelier l'avait bien injustement et bien ridiculement condamné pour cinq ans, *comme convaincu d'assassinat.*

Cet infortuné, nommé Lorenzo, a subi sa condamnation, malgré les efforts de l'intendant de Toulon et la réclamation générale.

Son innocence a éclaté d'une manière extraordinaire* :

Un jour qu'il passait dans l'arsenal de Toulon, un autre galérien dit à un de ses camarades : Voilà un malheureux dont je ne puis supporter la vue.— Pourquoi donc ? — Cet homme est ici pour avoir assassiné un tel, et c'est moi qui ai commis ce crime..... Lorenzo entendit ce propos : quel moment ! Il va à ce galérien ; il le presse, il le conjure de remettre au plus vite en

* Je tiens ces détails de l'intendant de Toulon, homme très éclairé et très humain, M. M....9
(*Note de l'auteur.*)

9 M. Malouet, qui depuis fut élu député, par le bailliage de Riom, aux États généraux de 1789, occupa différentes fonctions éminentes sous le gouvernement impérial, et fut, en 1814, nommé par le Roi ministre de la marine. Il mourut la même année, le 7 septembre, pauvre, et justement considéré.

des mains sûres le secret de son innocence. Mais l'ame du misérable était déjà fermée à la pitié et rouverte à la terreur. Lorenzo, de l'aveu de ses supérieurs, a la constance de s'attacher pendant deux ans de suite au dépositaire de son innocence. Il obtient d'être lié à la même chaîne; il le suit à l'hôpital. Que ne lui dit-il pas pour le toucher, et le jour, et la nuit, et tous les jours? Il ne le touchait point. Enfin, au bout de deux ans, il parvient, à force de prières et de larmes, à amollir de nouveau l'ame du scélérat, à y réveiller le remords, à en faire sortir une seconde fois l'important secret. Des témoins étaient apostés. On dresse un procès-verbal; on le porte à l'intendant. L'intendant fait jeter à l'instant le coupable dans les cachots. Sévérité imprudente! le coupable se rétracta.

Les cinq années de galères se sont écoulées, et Lorenzo en est sorti.

Sur quoi donc avait-il été condamné?

sur l'indice le plus léger; sur un indice! L'assassiné avait neuf louis dans sa poche : on arrête trois hommes, du nombre desquels était Lorenzo; on leur trouve à chacun trois louis dans la poche : voilà, dit-on, les neuf louis, et par conséquent les trois assassins. On condamne ces trois hommes aux galères : deux y sont morts.... C'est l'histoire de Langlade [10]; l'histoire des indices; l'histoire de tous les tribunaux criminels, hors ceux d'Angleterre. Les lois, en Angleterre, craignent de condamner; les lois, en France, craignent d'absoudre.

Notre infortuné va aller à Rome, se jeter aux pieds du pape, pour obtenir la révision de son procès. On dit que le pape est humain.

[10] Ce gentilhomme, qui fut mis à la question et mourut aux galères, fut ensuite reconnu innocent. Il s'appelait de Langlade, et non d'Anglade, comme on l'a imprimé dans les diverses éditions de ces *Lettres*.

J'ai fait une remarque : les hommes humains (les hommes) croient plus difficilement le crime, et se trompent moins. L'humanité est lumière.

LETTRE III.

A Toulon.

Puisque ma route m'a conduit à Toulon, il faut bien que je vous en dise un mot.

C'est une ville assez jolie ; elle est bâtie régulièrement : mille ruisseaux descendent des rochers et des montagnes auxquelles elle est adossée, et de toutes parts y pénètrent. Une multitude de fontaines les recueillent et les répandent : on prendrait la ville de Toulon pour une fontaine. Cette quantité d'eau rend un peu plus froid l'hiver, mais elle rafraîchit l'été.

Le port est admirable. J'ai vu *le*

Héros, que montait M. de Suffren. Ce vaisseau n'a pas usurpé son nom.

Je me suis occupé particulièrement du régime des galères.

Les galériens ne sont pas mal traités à Toulon : ils travaillent, et on les paie. Chose horrible ! il y a peut-être dix millions d'hommes en France qui seraient heureux d'être aux galères, s'ils n'y étaient pas condamnés.

Autrefois, à peine le ban des galériens était fini, qu'ils revenaient ; mais depuis peu, les tribunaux qui fournissent Toulon, au lieu de renvoyer aux galères les récidivants, les font pendre.

Le nombre des galériens est à peu près le même tous les ans, c'est-à-dire, il se commet tous les ans à peu près le même nombre de crimes. Ainsi il entre à peu près la même quantité d'eau par jour dans un vaisseau, et le travail de la pompe est égal ; mais si le vaisseau était meilleur, si les bois étaient mieux joints, si la surveillance était plus grande, il entrerait, par jour, dans le vaisseau, beaucoup moins d'eau.

J'ai parcouru le registre des galères. Écoutez. Des enfants de treize ans condamnés aux galères, pour avoir été trouvés avec leurs pères, convaincus de contrebande. Je l'ai lu. Pour avoir été trouvés avec leurs pères ! S'ils n'avaient pas été trouvés avec eux, on les eût mis à Bicêtre. Voilà le code du fisc; voilà l'indulgence pour le fisc : on lui a vendu le sang innocent ! et on se tait !

J'ai vu plusieurs de ces enfants ; et des larmes ont roulé dans mes yeux, et l'indignation s'est allumée dans mon ame ; et je ne me suis apaisé que dans l'espérance de ne pas mourir sans avoir dénoncé tous les crimes de notre législation criminelle [11]. Ah ! si je peux contribuer à délivrer ces jeunes et in-

---

[11] Du Paty travaillait à un ouvrage sur la justice criminelle, qui devait, suivant Roucher, placer son nom à côté du nom de Montesquieu.

nocentes mains de ces fers abominables !.... Je l'espère....

J'ai lu aussi sur le registre : *pour crime de filouterie, et véhémentement soupçonné d'assassinat, aux galères perpétuelles.*

J'ai lu aussi sur le registre : *pour fourberie et avoir trompé une foule de gens honnêtes* (en propres termes), *à cent ans de galères.* C'est une sentence du tribunal de Deux-Ponts. La France prête à plusieurs souverains d'Allemagne ses supplices.

J'ai lu encore sur le registre : *véhémentement soupçonné d'un assassinat et d'un vol avec effraction, aux galères perpétuelles.*

Je paierais cher un double des registres des galères. Que de lumières ils renferment ! Ils peuvent servir à apprécier la moisson sanglante que fait chaque année, en France, dans ses différents tribunaux, le glaive exterminateur de la justice criminelle.

Un événement singulier plongea, il y a quelque temps, les galériens dans le plus profond désespoir. L'intendant de la marine reçoit l'ordre de séparer en trois classes les déserteurs, les contrebandiers, et les criminels. Il semble que les déserteurs et les contrebandiers auraient dû bénir cette séparation. Leur désespoir fut extrême.

Tous les galériens, en effet, se voient absolument du même œil, car le malheur est comme la mort; il met de niveau tous les hommes. Les galériens ne sont tous entre eux que des malheureux, des faibles qui ont été vaincus par des forts. Loin de rougir ici de l'atrocité des forfaits, on s'en vante : on a fait plus de mal à l'ennemi, on a été plus adroit ou plus courageux. Ainsi les déserteurs et les contrebandiers ne méprisent point les criminels; et, par la séparation ordonnée, ils perdaient plusieurs avantages : l'un, un compagnon robuste; l'autre, celui dont il avait coutume d'entendre la voix et de rencontrer le regard ; celui-ci perdait l'homme qui était malheureux avec lui. Il coula, aux approches de cette séparation, des larmes amères, des larmes du cœur. L'intendant de la marine a accordé à plusieurs galériens la grâce de vivre ensemble à la même chaîne.

Réfléchissez sur ceci. Fouillez ces nouvelles profondeurs du cœur humain.

LETTRE IV.

A Nice.

Nice est assis sur un amphithéâtre de rochers qui s'avance un peu dans la mer. Il est entouré de montagnes qui insensiblement descendent, et semblent offrir, à tous ceux qui passent, des maisons de campagne charmantes, couvertes d'oliviers, de mûriers, d'arbres fruitiers de toutes les espèces, et surtout de citroniers, de limoniers et d'orangers. C'est une richesse, ou plutôt la plus grande richesse du pays. Il y a des particuliers qui cueillent tous les ans plus de 300,000 oranges, plus de 150,000 citrons. Enfin le pays est (comme on le dit dans le pays même) très abondant en aigrure.

En aigrure ! Que veut dire ce mot aigre et barbare ? Ce nom d'aigrure est celui que l'intérêt, pour lequel le beau n'est rien, l'habitude, pour laquelle tout cesse d'être beau, donnent, à Nice, à ces belles pommes du jardin des Hespérides, à l'aide desquelles Hippomène vainquit Atalante.

Les maisons de campagne des environs de Nice sont peuplées d'Anglais, de Français, d'Allemands ; chacune d'elles est une colonie : c'est là que, de tous les pays du monde, l'on fuit l'hiver. Nice, pendant l'hiver, est une espèce de serre pour les santés délicates.

Cette saison ne règne guère ici que deux mois, et jamais n'y est trop sévère. A la vérité, dans le cours de l'année, un vent du nord souffle de temps en temps, du haut des montagnes, et incommode le printemps et l'automne, et l'été même.

M. Thomas a gagné ici quatre à cinq heures de vie par jour, c'est-à-dire de pensée et d'étude. Il s'occupe trop de la gloire; il travaille depuis trente ans, nuit et jour, à sa statue [12].

J'ai vu des Anglaises touchantes et même charmantes : à leur arrivée elles mouraient; elles ont refleuri dans l'air de Nice. Winkelman, si sévère, si injuste envers les figures des femmes anglaises, aurait sûrement quelque in-

---

[12] M. Verdière vient de publier une belle édition, la seule complète, des œuvres, tant en vers qu'en prose, de cet éloquent écrivain. 6 vol. in-8°.

dulgence pour celle de mistriss B...;
mais aussi mistriss..., ce sont toutes les
roses de la France et tous les lys de
l'Angleterre; tout l'intérêt des femmes
de son pays, et tous les charmes des
femmes du nôtre : elle fait oublier presque tout son sexe, elle me fait oublier
Nice.

LETTRE V.

A Nice.

On m'a mené hier dans la rue la plus
obscure; on m'a fait entrer dans la maison la plus pauvre; on m'a fait monter
cinq étages; enfin, j'ai trouvé un petit
homme assez mal vêtu, habillé de gris,
visage de cinquante ans, perruque en
bourse, vif, léger, gesticulateur; c'était le premier président du sénat de
Nice.

Ce premier président, qu'on appelle le comte de ***, ne manque ni d'esprit, ni de connaissances : en voici une preuve. Il admire Montesquieu, et croit réellement la législation de son pays mauvaise. Y a-t-il beaucoup de magistrats, dans certains pays de l'Europe, qui fussent en état de faire cet aveu?

La police est entre les mains du militaire ; ce que le consul de France trouve fort bien, et le vice-consul fort mal : le premier est consul, le second, vice-consul.

L'archevêque a la police de la librairie. Vous jugez comme elle est libre.

On ne vend pas publiquement les OEuvres de Boileau.

A Nice, point de mœurs, peu de religion, mais beaucoup de dévotion, c'est-à-dire d'hypocrisie.

Nous devions partir ce matin pour Gênes; mais, dans la nuit, il est tombé de la neige; le vent est devenu contraire : il a fallu rester. Nous en avons été bientôt consolés par le plaisir de dîner chez M. Thomas, et de passer la journée avec lui.

Notre dîner a fini trop vite. M. Thomas a été très aimable. Nous avons d'abord analysé tous nos beaux esprits, toutes nos réputations, tous nos cerveaux qui pensent ou qui croient penser. Ensuite, au dessert, nous avons parlé Italie, femmes et printemps. M. Thomas avait oublié un moment la postérité. Il nous a fait ses excuses de la neige tombée le matin : c'était un accident arrivé au climat de Nice, et auquel il n'est pas sujet. On a ri, on a bu, on a conté; et nous nous sommes quittés avec peine.

Nous avons dîné avec un certain M. de R....., qui passe tous ses hivers à Nice, et le reste de l'année dans le reste de l'Europe. Il est tourmenté d'un asthme épouvantable, que Nice pourtant a adouci. J'ai eu vraiment mal *à sa poitrine* (comme dit madame de

Sévigné). On n'a pas assez réfléchi sur ces affections sympathiques ou antipathiques, qui rapprochent ou repoussent les êtres sensibles, leur communiquent le plaisir et la douleur. Smith a ouvert la mine; mais il ne l'a pas creusée : et c'est qu'il n'a pas senti comme moi l'asthme de M. de R....

M. de R.... ne me parut pas d'abord un homme d'esprit; mais, dans le cours de la conversation, il s'échauffa, et son ame s'éleva : il eut alors de l'esprit. C'est ainsi que très souvent, en mer, lorsqu'il n'y a point de vent à la côte, à une certaine hauteur, on en trouve.

LETTRE VI.

A Monaco.

Nous voilà sur la mer, et nous suivons la côte, c'est-à-dire ces monts et ces rocs qui bordent, ou plutôt qui hérissent si tristement la magnifique Italie[a].

Voilà la principauté de Monaco. Comme il ne faut mépriser personne, il faut lui faire une visite. Nous abordons dans le port : il était rempli de trois barques de pêcheurs et d'un bâtiment hollandais.

Deux ou trois rues sur des rochers à pic; huit cents misérables qui meurent de faim; un château délabré; un bataillon de troupes françaises; quelques orangers, quelques oliviers, quelques mûriers épars sur quelques arpents de terre, épars eux-mêmes sur des rochers : voilà à peu près Monaco.

La misère y est extrême. Le commandant du bataillon français, qui est là depuis vingt mois, a pensé pleurer de joie en nous voyant : il nous a dit que, s'il avait eu un poulet à nous offrir,

---

[a] Voyez, dans les Appendices de ce volume, les n[os] v à x.

il se serait mis à genoux pour nous inviter à le manger avec lui.

Le souverain de Monaco a une cour; il a des gardes, au nombre de vingt : ce sont vingt paysans; quatre gentilshommes de la chambre : ce sont quatre bourgeois. Chaque fois qu'il vient à Monaco, avant de mettre le pied au château, il va, suivi de sa cour et de ses sujets, à une petite chapelle, rendre grâces à Dieu de son heureuse arrivée.

Il y a des inscriptions dans le château. En voici un échantillon. On lit au-dessus d'une porte, qui ressemble à la porte cochère d'une auberge :

CRYPTO PORTICVM HVNC ETSI TOT REGVM, IMPERATORVM ET SVMMORVM PONTIFICVM INGRESSV DECORATVM, TAMEN TANTÆ MOLIS VASTITATE ANGVSTVM AMPLIAVIT, ILLVSTRAVIT, EXORNAVIT ANNO SALVTIS 1623.

C'est tout ce qu'on pourrait inscrire sur la porte du Capitole.

En entrant à Monaco, il a fallu donner nos noms à un homme que nous avons trouvé dans une boutique, achevant de rassembler un soulier : c'était le commandant du port.

Au demeurant, le prince de Monaco est bon ; il est aimé. Si son état est petit, ce n'est pas sa faute.

LETTRE VII.

A Gênes.

Je sors des palais Brignole, Serra et Carrega [13]. Je suis ébloui, étourdi, ravi : je ne sais ce que je suis. Mes yeux sont remplis d'or, de marbre, de

---

[13] Ces trois noms, et surtout le dernier, sont étrangement défigurés dans toutes les éditions de ces *Lettres*. Les deux palais Brignole sont très beaux : toutefois, c'est dans celui que l'on désigne sous le nom de Palais-Rouge, que se trouvent les

cristal, de porphyre, de basalte, d'albâtre, en colonnes, en pilastres, en chapiteaux, en ornements de toutes les espèces, de toutes les formes, de tous les genres, ioniques, doriques, corinthiens. Mille tableaux sont épars en lambeaux dans mon imagination. Je vois des têtes, des pieds, des mains, des corps et des cadavres, des vieillards et des jeunes filles, des Vénus et des Vierges. Voici des larmes douloureuses qui roulent dans les yeux d'un vénérable vieillard. Voilà un souris charmant qui éclot sur les lèvres d'une fille de quinze ans, qui est charmante : c'est, je crois, son premier sourire.

Cependant, au milieu de tant de débris de tableaux, il en est quelques-uns qui sont entiers.

plus beaux tableaux. Le palais Serra est dans la rue Neuve : il fut bâti en 1552. C'est dans la même rue que l'on remarque le palais Carrega (et non pas Kiagara, comme on l'a imprimé dans les éditions antérieures à celle-ci).

D'abord, un tableau de Paul Véronèse [14]. Judith vient de couper la tête à Holopherne. La suivante est une négresse : elle forme avec Judith un admirable contraste. La nature lutte avec le fanatisme sur le visage de Judith ; et dans toute son attitude, elle n'ose regarder la tête que sa main tient en tremblant. La suivante, que le fanatisme ne soutient pas, en voyant la tête et le crime, frémit d'horreur. La mort enveloppe Holopherne.

Il vaut mieux fixer ses regards sur une Assomption de Guido Reni [15]. C'est là une Vierge ! ce sont là des anges ! c'est là monter vers le ciel ! au milieu des airs, en chœur, des anges,

---

[14] Ce tableau magnifique, et d'une effrayante vérité, est dans la quatrième salle du Palais-Rouge. Les figures sont de grandeur naturelle.

[15] Le tableau du Guide est placé dans la première salle du Palais-Rouge ; c'est dans la sixième que l'on voit l'Assomption du Corrège, dont il est ici question.

plus beaux, plus charmants les uns que les autres, se donnent la main. Sans aucune peine, sans aucun effort, ils suivent vers les cieux la Vierge, comme nous autres mortels nous nous précipiterions vers la terre. Quelle pureté sur ce front divin ! Déjà ses regards ont percé le ciel et se reposent dans le sein du Dieu qui l'attend : ils sont humides d'un bonheur céleste. Parmi ces anges, de tous les âges de la jeunesse, il y en a qui sont si petits, que les autres leur tendent la main pour les aider à les suivre. Ceux-ci sourient à la Vierge, et ceux-là les uns aux autres. Quelle conquête en effet pour eux ! ils aimeront encore davantage. Elle était angélique l'imagination qui a conçu ce tableau.

Mais quelle est cette femme étendue sur un lit ? elle n'est voilée que de la mort. La mort est déjà dans les pieds, dans les jambes : elle gagne le long des bras. Un reste de beauté, d'amour et de douleur s'évanouit sur ce front pâle.

C'est Cléopâtre. Ainsi, ces charmes célèbres, qui avaient si long-temps captivé Antoine et séduit un moment César, qui avaient fait presque autant de bruit et de ravage dans l'univers que les armes romaines en avaient fait, les voilà morts; et tout à l'heure on ne les appellera plus Cléopâtre, mais un cadavre [16].

Je me rappelle encore plusieurs autres tableaux : un *Christ*, faisant toucher sa plaie à saint Thomas; un *Lazare* qui ressuscite [17]; un *Jacob* à qui on apporte la chemise de Joseph ensanglantée [18]. Il n'y a de termes dans aucune langue pour les copier.

[16] Ce beau tableau du Guerchin est placé dans la huitième salle du Palais-Rouge.

[17] Le premier de ces tableaux est de Bernard Strozzi (*le Cappuccino*); le second est du Caravage : tous deux ornent le salon d'été du Palais-Rouge.

[18] Ce beau tableau du Guerchin est dans la sixième salle du palais Carrega.

J'ai besoin que le sommeil vienne fermer mes yeux : ils sont fatigués d'admirer.

LETTRE VIII.

A Gênes.

Il est six heures du matin. Mon imagination se réveille dans le salon du palais de Serra, ou plutôt du palais du Soleil. Je baisse encore les paupières. On ne peut donner une idée de la magnificence de ce salon. Ce qu'est la nature, quand on la regarde à travers un prisme, tel est le salon du palais Serra. Quelles glaces ! quel pavé ! quelles colonnes ! que d'or ! que d'azur ! que de porphyre ! que de marbre ! Le nom qui convient ici, c'est la magnificence.

*

Si l'on veut voir la plus belle rue qui soit dans le monde entier, il faut voir, à Gênes, la rue Neuve. Sur deux lignes très prolongées, et sur un pavé de laves, une foule de palais, disputant ensemble de richesse, d'élévation, de masse, étalent à l'envi leurs portiques, leurs façades, leurs péristyles, brillants d'un stuc blanc, noir, de mille couleurs. Ces palais, en dehors, sont des tableaux.

Les maisons de Gênes sont très hautes, et les rues très étroites : le soleil n'y descend jamais. On serait tenté de croire que Gênes n'a été bâtie que pour une saison, que Gênes est une ville d'été.

Les propriétaires de ces beaux palais, la plupart nobles et sénateurs, ignorent les beautés qu'ils possèdent, où ne l'apprennent que de l'admiration des étrangers, et de la renommée qui les vante. A côté de ces salons, dans ces salons mêmes où les pinceaux des Ti-

tien, des Van Dick, des Rubens, des Véronèse, se sont joué, les nobles Génois admettent tous les jours les productions les plus grossières des pinceaux les plus ignorants. Au lieu d'habiter ces superbes appartements, ils logent dans des galetas; ils ne paraissent que les gardiens de leurs palais. Enfin, ces portiques de marbre, ces péristyles de marbre, ces portes de marbre, sont inondés tout le jour d'une foule de mendiants, qui viennent, sur des pavés de granit et de porphyre, travaillés par tous les arts, et polis comme des miroirs, écraser la vermine qui les dévore.

Je viens de voir le palais du doge, où le sénat tient ses séances, d'où il souffle sur cinquante mille sujets l'esprit de son gouvernement, de ses lois, de sa politique, c'est-à-dire de son avarice. L'œil, quand on entre dans la cour, est étonné. La façade, ornée de colonnes et de statues de marbre, ravit d'abord. On monte dans la salle du petit conseil : c'est l'architecture la plus élégante ; on passe dans la salle du grand conseil : c'est l'architecture la plus magnifique. De distance en distance, entre une multitude de colonnes, les statues des grands hommes de la république reçoivent de tous ceux qui passent, pour prix de leur mérite ou de leur fortune, la dette de la postérité, un souvenir et un regard. Le maréchal de Richelieu est au milieu de tous ces grands hommes.

Un incendie dévora ces monumens en 1773 [19], avec une foule de tableaux des plus grands maîtres. On a bien rétabli les édifices, mais non pas les tableaux. Il s'est encore trouvé des architectes et des statuaires ; on n'a pu trouver des peintres.

En sortant du palais du doge, je suis entré dans un superbe palais ; j'ai traversé une longue colonnade ; j'ai foulé

[19] Cet incendie eut lieu le 3 novembre 1777.

des marbres de toutes les couleurs; une porte immense s'est ouverte : j'étais dans un hôpital [20].

Il contient douze cents malades, distribués par salles : là les hommes, ici les femmes; là les blessures, ici les fièvres. J'ai cru voir la mort errante au milieu de ces douze cents malades, et frappant de tous côtés au hasard, avec sa faux invisible. Un malheureux a expiré devant moi. Les lits des malades sont environnés de leurs parents attendris, qui les consolent, qui les soulagent : c'est une mère auprès de sa fille; c'est un mari auprès de sa femme. Du moins, dans cet hôpital, des mains sensibles et chères peuvent fermer les yeux des mourants.

Il y règne un ordre admirable, une propreté parfaite, un soin extrême. On y guérit.

[20] On l'appelle l'*Albergo de Poveri*. Il fut commencé en 1655, et terminé en 1659.

Les statues de tous les bienfaiteurs de l'hôpital sont répandues dans les salles. Les êtres reconnaissants peuvent, dès que leurs forces le leur permettent, aller arroser de larmes, sans doute bien douces, les images de leurs dieux tutélaires.

Je ne sais quel plaisir me retenait dans ce séjour de la douleur.

LETTRE IX.

A Gênes.

J'ai été voir ce qu'on appelle à Gênes le Port Franc. C'est un entrepôt où l'on décharge toutes les marchandises qui, par mer, arrivent à Gênes. Vous en voyez là de toutes sortes, à côté les unes des autres : des masses de vert-de-gris et des barriques de sucre, du marbre et du café, des bois et des toiles, des productions de l'Asie et des productions du Nord. C'est un mouvement, une activité, une affluence qu'on ne saurait imaginer. Deux grandes pompes du revenu public sont appliquées successivement à chaque denrée, à chaque ballot; elles puisent, l'une dix pour cent dans les marchandises qui restent à Gênes; l'autre trois pour cent dans celles qui passent. Le service de l'apport et du mouvement de toutes les marchandises est fait par des Bergamasques, qui viennent faire parmi les Génois le métier lucratif de vigueur et de probité.

En sortant du Port Franc, j'ai été visiter la banque de Saint-Georges. C'est là qu'est renfermé, sous cent clefs, le mot de cette grande et terrible énigme, si la banque a des milliards, ou si elle doit des milliards. Cètte énigme est le salut de l'État, et en partie sa richesse.

Quoi! il n'y a à Gênes qu'une boulangerie et un cabaret public, adminis-

trés et régis sous l'autorité du sénat!—
Oui, la république ne souffre pas que
d'autres qu'elle vendent le pain, le vin,
le bois, l'huile. — Mais sans doute elle
vend ces denrées au plus bas prix, et
de la meilleure qualité, afin de prévenir
les murmures ! — La république vend
au plus haut prix, et de la plus mauvaise qualité, sans s'embarrasser des
murmures. — Comment donc les sujets peuvent-ils tolérer un tel mono-
pole?—Ils mendient, ils volent, ils ont
des hôpitaux, ils assassinent, ils souf-
frent.—Mais comment, enfin, suppor-
tent-ils cette oppression ?—La mesure
de l'oppression qu'on peut supporter
n'est pas encore à son comble. Le peuple
ne se révolte pas quand il veut; l'eau
qui remplit un vase ne se répand point
encore : il faut une goutte de trop.
Ainsi il s'agit uniquement, pour les
nobles, d'empêcher cette goutte de trop.
Ils sacrifient en conséquence une partie
de leur autorité à leur avarice; ils

laissent la plupart des règlements sans exécution, les trois quarts des crimes impunis : ils achètent le silence de ceux qui crient. On croit cependant la goutte de trop inévitable : la patience du peuple est lasse. Mais peu importe aux nobles Génois : le grand point pour eux, c'est d'être riches. Aussi en voit-on beaucoup refuser une place dans le sénat, quand le sort la leur présente ; et briguer, au contraire, le moindre poste dans l'administration de la banque ou des hôpitaux, quand le sort le leur dispute. Les nobles manquent de l'intérêt le plus puissant pour bien gouverner un pays : ils n'ont point de pays. Ils sont en effet négociants.

J'ai été voir la paneterie publique. L'édifice est immense. Voici le pain des riches, et voilà le pain des pauvres ; et les pauvres sont les plus nombreux ! Les pauvres sont partout une espèce mitoyenne entre les riches et les animaux : ils sont bien près des derniers.

J'ai voulu goûter de ce pain des pauvres... les animaux sont heureux !

En sortant de ce lieu, j'ai remporté dans mon ame je ne sais quelle impression sur laquelle se sont émoussées, un moment après, toutes les beautés et toutes les richesses du palais de Durazzo [21].

Ah ! comme le luxe et la magnificence font mal aux yeux, quand on vient de regarder la misère !

[21] On admire, à Gênes, deux palais Durazzo : celui dont il s'agit ici est le palais de Marcellus Durazzo, dans la rue de Balbi.

LETTRE X.

A Gênes.

Je suis retourné au palais Durazzo. De la foule de tableaux qu'on y admire, quatre seulement sont restés dans mon imagination.

L'un est un vieillard de Rembrandt. Il est admirable pour la vérité, pour l'effet, pour l'intelligence du clair obscur. J'ai été tenté de lui adresser la parole.

Paul Véronèse avait-il vu la Madelaine se jeter aux pieds de Jésus? Jésus dut avoir cette attitude, cet air noble, cet air indulgent, cet air tout près d'être ému. La Madelaine est si belle! elle est surtout si touchante! elle est en effet si touchée! Quelle expression dans tous les traits des personnages ! comme la lumière vient tomber toute dans un point, d'où ensuite elle distribue ses rayons à chaque partie qui en demande ! Sur la superficie de cette toile il y a de l'air [22].

La plupart des peintres sont des versificateurs, et non pas des poëtes.

Le Tasse était poëte, lorsqu'il nous a montré Olinde et Sophronie attachés au même poteau, et attendant que le bûcher prît flamme. Mais ce peintre qui a voulu copier le Tasse ? Je n'entends point les plaintes d'Olinde, je ne vois point la résignation de Sophronie ; ce peuple n'est point attendri ; ce tyran n'est point en fureur. Je viens de relire le Tasse. Les voilà ! voilà la véritable Sophronie ! C'est elle qui dit à Olinde : « Pourquoi te plains-tu, ô mon ami ?

---

[22] Ce tableau admirable est dans la salle appelée *de Paolo*, parce que son principal ornement est dû à Paul Véronèse.

SUR L'ITALIE. 41

» vois le ciel, comme il est beau ! re-
» garde le soleil, il semble qu'il nous
» appelle à lui : il nous console. » [23].

Je n'entends rien de tout cela en regardant le tableau. Il est muet [24].

[23] Amico, altri pensieri, altri lamenti
Per più alta cagione il tempo chiede.
. . . .
Mira il ciel com' è bello, e mira il sole
Ch' a se par che n'inviti e ne console.
Gerus. lib. c. II. st. 36.

[24] Le tableau que décrit ici Du Paty est du Giordano (*Jordanus*), qu'il ne faut pas confondre avec Jordaens, peintre flamand.

LETTRE XI.

A Gênes.

Je peux dire que j'ai assisté à la mort de Sénèque, en voyant un tableau où il meurt. Sénèque est au milieu du tableau ; il est à moitié nu, tel qu'un homme qui n'a plus besoin de défendre son corps contre les éléments, auxquels il est prêt à le rendre. Ses pieds sont dans le bain, et le sang coule. A quelque distance du philosophe, et plus bas, on voit à droite un secrétaire qui écrivait, et qui n'écrit plus ; à gauche, deux secrétaires qui écrivaient, et qui n'écrivent plus. Sur la même ligne, et à la hauteur de Sénèque, dans un coin et dans l'ombre, cet homme que j'entrevois est un soldat. Dans le coin opposé, mais au jour, cet autre homme que je vois est un vieux sénateur. Regardez à présent la scène. Le vieillard est occupé à dicter, en attendant la mort, les idées qui passent dans son imagination. La mort les arrête : les bras sont glacés, les pieds ne rendent plus de sang, le corps se roidit, la tête chancelle, et ce regard qui fixait une pensée, s'efforce en vain de la saisir. Il s'éteint. Les trois secrétaires, avec des nuances différentes d'intérêt, d'attention et d'inquiétude, chacun la plume à la main, tiennent les yeux attachés sur les lèvres du philosophe, qui essaient encore une parole : ils espèrent qu'un mouvement de plus va l'achever; mais la mort y a mis son sceau. Cependant le centurion, tout près de la porte, le pied déjà levé, compte impatiemment les derniers soupirs du philosophe : car Néron attend.

Et le vieux sénateur, que fait-il ? Il pense à Néron, et il étudie la mort de Sénèque [25].

LETTRE XII.

A Gênes.

J'AI été visiter ce matin les galères.

Cinq sortes de malheureux sont attachés, pêle-mêle, à la chaîne : les criminels, les contrebandiers, les déserteurs, les Turcs pris par les corsaires, et les galériens volontaires.

Des galériens volontaires ! — Ce sont des pauvres que le gouvernement va

[25] C'est encore au Giordano que l'on est redevable de ce tableau, qui se trouve au palais Durazzo, dans la salle du Giordano, comme le précédent.

chercher entre la faim et la mort. C'est dans cet étroit passage qu'il les attend, qu'il les épie. Ces misérables, en voyant briller un peu d'argent, n'aperçoivent plus les galères; on les enrôle. La misère et le crime attachés à côté l'un de l'autre à la même chaîne! celui qui sert la république, partageant le même supplice que celui qui l'a trahie !

Les Génois poussent la barbarie encore plus loin; dès qu'ils voient approcher le terme où finit l'enrôlement de ces misérables, ils proposent de leur prêter quelque argent. Des malheureux sont avides de jouir, le moment seul existe pour eux : ils acceptent; mais il ne leur reste, au bout de huit jours, que des regrets et des fers; de sorte qu'au bout de huit jours ils sont contraints, pour s'acquitter, de s'enrôler de nouveau, de vendre huit autres années de leur existence. Voilà comme ils consument, la plupart, d'enrôlements en emprunts, et d'emprunts en enrôlements, leur vie entière aux galères, sur le dernier degré de la misère et de l'infamie : ils y expirent.

Nous avons vu parmi eux un Français, un jeune homme. En nous racontant son infortune, il versa quelques larmes. Nous lui donnâmes un peu d'argent; il pleura davantage. Sortons de ces tristes lieux où l'on ne peut soulager les maux que l'on plaint. Quels lieux, que ceux où la pitié est inutile!

Mais, quelle est dans ce coin, dis-je à l'homme qui me conduisait, cette espèce de prison? Quelle est basse, obscure et humide! Une soupente encore la partage. Quels sont, je vous prie, ces animaux couchés sur la terre et sur la soupente? A peine peuvent-ils ramper. De longs poils couvrent les têtes hideuses qui sortent de dessous ces couvertures. Leur regard est stupide et féroce. Ne mangent-ils que de ce pain, si dur et si noir? — Sans doute. — Ne boivent-ils que de cette eau bourbeuse?

—Sans doute. — Restent-ils toujours couchés ? — Oui. — Depuis quand sont-ils ici ? — Depuis vingt ans. — Quel âge ont-ils ? — Soixante et dix ans.— Comment les nommez-vous ?— Des Turcs.

Ces misérables Turcs sont dégradés entièrement de l'humanité : ils ne connaissent plus que les besoins du corps. Ils ont usé dans cette espèce de tombeau le petit nombre d'idées et de souvenirs qu'ils y avaient apportés de la nature et de leur pays.

Les autres Turcs, qui n'ont pas encore soixante ans, sont enchaînés sous de petites niches ouvertes de six pieds en six pieds, dans une longue muraille, où ils peuvent à peine tenir assis ou couchés. C'est là qu'ils respirent le peu d'air qu'on leur accorde, ou plutôt qu'ils peuvent dérober.

Cependant les Génois ont donné un exemple de tolérance qu'on ne devait guère attendre d'eux : ils ont accordé à ces Turcs une mosquée. Les protestants, en France, n'ont point de temples !

Ajoutons un trait à la peinture des galères. J'y ai vu vendre de banc en banc, convoiter, disputer, dérober même, des restes d'aliments que les chiens avaient abandonnés dans les rues, au coin des bornes.

Gênes, tes palais ne sont encore ni assez élevés, ni assez étendus, ni assez nombreux, ni assez brillants : on aperçoit tes galères.

LETTRE XIII.

A Gênes.

Je veux vous parler de l'ex-doge Lomellini.

M. Lomellini est un aimable et respectable vieillard. Il a tant parcouru de pays et de livres; il a si souvent traité, dans les différents postes de sa république, avec les intérêts, les passions et les faiblesses, avec le cœur humain tout entier, qu'il n'est plus ni noble, ni ex-doge, ni sénateur, ni Génois : il est un homme.

Tous les moments que M. Lomellini peut dérober à la gloire, il les donne à la nature, dans ses charmants jardins du *Poggio* [26]. Sa vie y coule doucement sur les gazons, comme l'eau qui les arrose, qui tombe nuit et jour de ses belles fontaines.

M. Lomellini accueille parfaitement les étrangers qui viennent le visiter au Poggio, ceux même qui ne viennent visiter que le Poggio. Son ame, son esprit, ses jardins, tout est ouvert. Ses

---

[26] *Poggio* signifie un coteau, un tertre. C'est sur ces points élevés qu'on se procure un air plus frais et des aspects plus pittoresques.

manières sont simples et nobles ; ce sont les habitudes d'un homme qui a toujours été élevé, et qui ne s'est jamais élevé. Rien de plus facile que son accueil, il met d'abord à l'aise avec sa réputation. On est tout de suite avec lui.

La conversation de M. Lomellini est souvent celle que l'on désire, et toujours celle que l'on sait faire ; car personne dans la conversation ne sait autant s'oublier soi-même, et se souvenir plus des autres. Cependant M. Lomellini préfère de causer des arts, des sciences et des lettres, qu'il a cultivés toute sa vie, et qui, après avoir contribué à sa gloire, l'en ont souvent consolé. Son oreille et son imagination sont pleines encore des plus beaux tableaux et des plus beaux airs que la poésie a composés dans toutes les langues. Des citations, mais qui naissent ; des traits, mais qui échappent ; des réflexions, qui paraissent fines et qui sont profondes, étincellent incessamment dans ses discours, parmi les pensées de la vieillesse.

On peut contredire M. Lomellini : on court risque de choquer son opinion, mais jamais son amour-propre. M. Lomellini ne méprise point ; car lorsqu'il ne doute plus de son esprit, il doute encore de l'esprit humain. On peut hardiment l'interroger. Tout ce qu'il sait, il n'a pas oublié qu'il l'a appris ; il répond ; il donne libéralement, mais sans faste, la vérité à tout le monde.

M. Lomellini est toujours le même à la ville ou à la campagne; dans le sénat, lorsqu'il y fait une loi, et dans ses bosquets, lorsqu'il y plante un arbuste.

Les jardins du *Poggio* sont délicieux. Ils sont bien loin de ressembler à ces jardins symétriques que l'orgueil a commandés, et que l'architecture a construits; à ces jardins où, sous l'empire monotone et sévère du ciseau, du rateau et de la ligne droite, chaque plate-bande n'offre qu'une fleur, chaque allée n'offre qu'un arbre, chaque espace qu'un grand chemin, et où le tout ne présente qu'une masse; à ces jardins dont les eaux captives dans des bassins sont condamnées à dormir et à se taire éternellement; à ces jardins, en un mot, qui, quelque vastes qu'ils soient, semblent pourtant n'avoir été faits que pour un coup d'œil, une centaine de pas et une heure.

Au contraire, tout ce que la connaissance et l'amour de la belle nature peuvent exécuter, pour charmer à la fois l'œil, l'imagination et le cœur, avec du gazon, de la terre, de l'eau, des fleurs, avec toutes les ombres de la verdure et les différents rayons du soleil, M. Lomellini l'a exécuté.

Ces beaux jardins présentent, ou plutôt ils recèlent un enclos assez borné qui fournit à vos pas toujours de l'espace, à vos yeux toujours des objets, toujours de la rêverie à votre ame. Il n'y a pas dans cet enclos une fleur qui ne brille, pas une goutte d'eau qui ne murmure et qui ne coule, pas un arbre qui ne paraisse, et pas un seul qui se montre. Là une cabane, ici une grotte, plus loin un troupeau; mille objets qu'on y a placés à dessein, vous les rencontrerez par hasard. On croit toujours être à la campagne, et on est toujours dans un jardin. On s'y promène toujours.

Il est vrai que la verdure de ces jardins est composée en grande partie de ces arbres sérieux et sombres, dont il semble que les autres saisons n'ont pas voulu, et qu'elles ont laissés à l'hiver : des pins, des cyprès, des mélèses, des chênes verts ; mais ces arbres d'hiver sont si bien mariés aux plus riants arbrisseaux du printemps, aux arbustes les plus riches de l'automne, aux arbres les plus brillants de l'été, aux lilas, aux tilleuls, aux platanes, que leur verdure mélancolique, égayée par le voisinage et l'alliance de ces végétaux plus aimables, cesse d'attrister la pensée et de repousser les regards. La verdure de ces jardins ressemble à la conversation de M. Lomellini. Les pensées et les sentiments de la vieillesse y dominent, mais les souvenirs choisis des autres âges y brillent par intervalles, et la rendent encore très aimable.

C'est M. Lomellini qui a créé ses jardins. C'est là, c'est dans cette charmante retraite, que M. Lomellini se possède enfin lui-même.

Il a eu le courage rare, en arrivant à la vieillesse, de congédier toutes les passions, même l'amour de la gloire : il n'a gardé que l'amour de l'humanité.

Tantôt il est environné, dans son palais, des habitants de la campagne, qui viennent d'y entrer infortunés, et qui en sortent heureux. Tantôt, errant sur ses gazons, parmi les concerts de ses oiseaux, à travers le silence de ses bois, au murmure de ses fontaines, il jouit d'une belle matinée du printemps, d'une calme soirée d'été; il saisit une des belles heures de l'hiver.

Souvent encore au milieu d'un bosquet, assis seul et retiré dans un petit temple de marbre, il aime à contempler dans le lointain, à travers le feuillage et les colonnes, la mer tourmentée par la tempête, et le sénat de Gênes par l'ambition. C'est le soir de la vie d'un sage.

LETTRE XIV.

A Gênes.

Quel spectacle offre au philosophe et à l'homme sensible le magnifique hôpital des incurables !

Quoi ! aucun de ces neuf cents malheureux, étendus, ou plutôt enchaînés dans ces lits de douleur, ne recouvrera jamais la santé!

Ces vieillards vivront encore, et ces enfants souffriront toujours!

Je n'ai pu, sans frissonner, traverser l'étendue et le silence de ce palais de la douleur.

Du bout d'une salle à l'autre, j'entendais un mouvement, et je distinguais un soupir.

Il est bien impossible que le regard parcoure cette foule d'incurables de tous maux, de tout âge et de tout sexe, sans laisser tomber quelques larmes sur ces malheureuses victimes de la vie.

A côté de ces infortunés qui ont perdu la santé, on voit, dans une salle voisine, les infortunés qui ont perdu la raison. Ainsi, voilà dans le même lieu toutes les pièces de rebut de l'espèce humaine.

On prétend que cet hôpital est plus mal administré que les autres : c'est que les maux qui sont ici sont éternels, et que la pitié est inconstante. La pitié aime aussi ce qui est nouveau ; tout le cœur humain est volage.

Que viens-je d'entendre et de voir ? Le doge et le sénat doivent visiter dimanche prochain cet hôpital, et déjà on s'occupe de parer tous ces lits, de parfumer toutes ces salles, de décorer tous ces murs ! Quel horrible mensonge on prépare ! Voilà comment on montre aux rois qui voyagent, leurs propres états.

LETTRE XV.

A Gênes.

Le charmant tableau !

Dans le milieu d'un vallon couronné de rochers couverts d'arbustes, on voit assis, au bord d'une fontaine, au pied d'un saule (c'est en été et le soir), un berger et deux bergères. Le berger joue de la flûte; une des bergères, tenant à la main une rose, regarde le berger et l'écoute; elle tend déjà la main pour lui présenter la fleur. L'impatience que le berger finisse, afin de lui donner la rose, et le désir qu'il continue, pour entendre encore la flûte, se combattent dans ses regards. Pendant ce temps-là, sa compagne, un peu plus jeune, ne regarde point, n'écoute point le berger; mais, l'œil fixé sur la fontaine, elle rêve.... A cent pas, une troupe de petits enfants jouent avec des agneaux, et les enlacent avec des fleurs.

N'est-ce pas là une idylle de Gessner?

C'est dans le temple de Gnide, et non dans un palais de Gênes, qu'on devrait voir ce tableau. C'est Montesquieu qui aurait dû vous le copier. Il est de l'Albane.

LETTRE XVI.

A Gênes.

On peut ranger les habitants de Gênes en trois classes : les nobles, qui sont environ deux mille ; les bourgeois, commerçants, artisans, avocats, prêtres, qui composent la masse de la population ; enfin les pauvres de toute espèce, qui en sont la lie.

On distinguait autrefois à Gênes différents ordres de nobles ; mais cette distinction s'efface.

On peut acheter la noblesse, c'est-à-dire ses priviléges. On fait inscrire son nom sur un registre qu'on appelle le *livre d'or*, moyennant environ 10,000 liv. Les anciens nobles ont été obligés de faire ce sacrifice à leur sûreté. Ils aiment mieux attirer dans la noblesse, où ils peuvent continuer à les mépriser et cesser de les craindre, les bourgeois parvenus à la fortune, que de les laisser plus long-temps dans le peuple, où il n'est plus possible de les mépriser, et où il faut commencer à les craindre.

Les Génois aiment, estiment, et craignent tant l'or, qu'ils n'accordent la noblesse à leurs secrétaires d'état, en récompense de leurs services, que lorsqu'ils ont fait fortune.

On a vu à Gênes des secrétaires d'état qui avaient été assez vertueux pour se retirer pauvres : la vertu est de tous les états.

Les nobles possèdent des richesses énormes ; on en compte qui ont un million de rente. Des valets, des chevaux et des moines : voilà leur faste. Quelques-uns donnent beaucoup aux pauvres, mais aux mendiants. Il savent si mal donner, que l'État s'appauvrit de leurs dons. Il font fleurir la mendicité.

Il n'y a point à Gênes de mendiant qui ne soit sûr de boire et de manger tous les jours : l'artisan n'en est point sûr.

La souveraineté est presque impuissante. La force pécuniaire, ou les impôts, ne passe point 2,800,000 livres. Ce qui reste de cette somme, applicable aux besoins de l'État, après avoir passé par une foule de mains, et être tombé de chute en chute dans le trésor de la république, est peu de chose.

La force militaire n'a pas deux mille bras : on ne peut compter ni les fortifications ni les galères.

L'opinion publique, cette force invisible, qui souvent supplée aux autres, et qui tôt ou tard en triomphe, est nulle ici : le cœur a cessé d'obéir.

Quelle législation! les nobles ont fait la plupart des lois.

Le code n'est partout, en grande partie, qu'une liste de priviléges.

Toutes les forces, dont nous venons de parler, sont aussi mal administrées qu'elles sont faibles.

Le pouvoir militaire ne reste que trois mois dans les mains du même général, qui commande en cheveux longs, en manteau court, et en habit noir.

Le pouvoir législatif est trop divisé; il reste trop peu de temps dans les mêmes mains; il faut le concours de trop de volontés pour l'exercer : l'État a trop de têtes pour en avoir une.

Les lois, dans le sénat, naissent presque toujours avant le temps; presque jamais elles ne sont le fruit d'une lente délibération qui les mûrisse : on les jette à peine ébauchées dans une urne; c'est la main du hasard qui les en tire; le hasard est législateur.

Le doge n'a de pouvoir distinctif que celui de mettre en débat les propositions qu'il juge à propos ; pouvoir assez grand, quand il a de l'esprit ; trop grand, quand il n'est pas honnête homme ; car le doge a pour lui tous les moments où le sénat dort, et ce vieillard dort presque toujours.

Le doge reste en place deux ans, pendant lesquels il ne peut sortir du palais que par un décret. Le chef de cette république en est traité comme le prisonnier.

Dès que les deux ans sont expirés, il est obligé de s'en aller dans sa maison, et d'y rester dix jours, gardé à vue. Durant ce temps, tout citoyen a le droit de l'accuser ; et le conseil des suprêmes examine sa conduite ; le dixième jour, on l'acquitte : institution assez sage, mais qui n'est plus qu'une formalité.

J'oubliais de remarquer la perte de temps qu'entraînent les formalités par lesquelles on ouvre chaque séance du sénat. Un secrétaire d'état commence par lire un serment; ensuite, pendant plus de deux heures, un greffier ne cesse de crier : *Veniant jurare !* Qu'on vienne jurer.

Les nobles sont si insouciants pour les affaires publiques, que souvent, afin d'en obtenir le nombre nécessaire pour la validité d'une délibération, on est obligé de les contraindre par des amendes : on commande la corvée.

LETTRE XVII.

A Gênes.

Le pouvoir judiciaire est aussi mal administré que tous les autres pouvoirs. Les appels sont multipliés à l'infini.

La composition des tribunaux est bizarre. Les premiers juges sont étrangers ; les souverains, nationaux.

Les jugements du sénat sont portés à un tribunal, appelé des *suprêmes*.

La salle où siége le petit conseil, dont les audiences sont publiques, ne peut contenir deux cents personnes. La salle où siége le grand conseil, dont les audiences sont secrètes, en tient deux mille.

Les avocats de la cause font porter à l'audience, dans des paniers, tous les livres dont ils croient avoir besoin ; ils lisent les textes à mesure. Cet étalage est ridicule ; il favorise la longueur des plaidoiries : elles finissent ici, moins qu'ailleurs, dans une profession qui nécessairement parle beaucoup, et dans une langue où les mots coulent.

Les avocats plaident assis ; situation très défavorable aux mouvements de l'éloquence. Aussi ces messieurs ne s'en piquent-ils pas. L'un des avocats que j'ai entendus parlait assez bon italien ; l'autre, patois.

Cinq juges sont autour d'une table ; le président est au milieu. A midi, ils se sont levés ; l'auditoire s'est mis à genoux ; les avocats mêmes se sont tus : on a dit l'*Angelus*. Ensuite quelques juges sont sortis un moment ; les avocats ont continué : on ne les arrête pas plus qu'on n'arrête l'heure.

On opine avec des boules noires et blanches. Cette forme allonge singulièrement les jugements, et couvre bien des injustices.

J'ai dit que les lois civiles sont très imparfaites. En voici un exemple : ni les parties, ni les témoins ne signent les actes qu'ils passent devant notaires ; de sorte que les notaires sont les maîtres de toutes les conventions. Les courtiers de change sont encore plus maîtres ; ils n'ont pas même besoin de témoins : leur parole est un contrat.

LETTRE XVIII.

A Gênes.

Les jugements criminels sont motivés. Le sénat a le droit de faire grâce ; et ne manque presque pas de l'accorder, pour plaire au peuple, qui appelle liberté l'impunité, comme les nobles appellent liberté l'oppression. Moyennant ces deux manières d'être libre, le peuple et les nobles sont assez quittes.

On plaide la grâce, et en général toutes les affaires criminelles.

Les jugements à mort sont fort rares. Depuis six ans, on n'en a vu que deux ; encore a-t-il fallu que le second eût été sollicité par le peuple. Le sénat se fit forcer la main : il fut accablé de libelles et de placards pendant deux mois. Peu s'en fallut que le coupable n'échappât : ceux qui le conduisaient au supplice le laissèrent évader ; mais le peuple le poursuivit, et obligea les gens de justice de le reprendre. Il avait commis dix meurtres.

On voit à l'entrée de la ville, dans la muraille, des pierres diffamatoires. Ces pierres contiennent la condamnation de certains coupables, et les vouent à l'exécration publique. Avec des pierres diffamatoires et des statues, on pourrait créer bien des vertus, et anéantir bien des vices. On aurait une morale publique.

Les Génois sont vindicatifs; mais cet esprit de *vendetta* [27] tient à la difficulté d'obtenir justice, soit contre les nobles, à raison de leur pouvoir, soit contre les égaux, à raison de la protection des nobles. Par-là, le nombre des

---

[27] Vengeance.

assassinats s'explique, et leur motif se justifie, ainsi que l'impunité générale. La plupart des assassinats ne sont pas des crimes, mais une justice : il faut bien qu'elle se fasse de manière ou d'autre.

Toutes les nations ont commencé par cette justice criminelle : le duel en est un débris et une preuve.

LETTRE XIX.

A Gênes.

Le pouvoir de l'administration passe par tant de mains, et si vite, qu'on ne sait à qui s'adresser : tous les ordres se croisent, se contrarient, se détruisent. Et quelle administration ! Il est d'usage que le sénat demande pour l'État, au pouvoir ecclésiastique, la permission de faire gras pendant le carême. Cette année, comme les nobles, de qui cette demande dépendait, avaient beaucoup de morue à vendre, le sénat n'a pas demandé la permission, et l'État a fait maigre; mais les nobles ont vendu leur morue.

Une foule de traits semblables ont inspiré au peuple une si grande horreur pour les nobles, que récemment on a fait publiquement des imprécations contre la république, c'est-à-dire contre les nobles.

La décadence des mœurs, des arts et des lumières n'est pas douteuse. Il n'y a plus d'académie; nul sculpteur, nul peintre; 12,000 métiers au lieu de 30,000 : tout s'éteint.

Cependant il y a encore, dans le peuple, des hommes très instruits. J'ai vu dans beaucoup de mains *l'Administration des Finances* [28]. Tout ce qui

---

[28] Cet ouvrage fameux parut en 1784. 3 vol. in-8°. Sa vogue fut telle, qu'en peu de jours en en vendit 80,000 exemplaires.

lit a lu cet ouvrage; tout ce qui pense l'apprécie; tout ce qui sent en est enthousiaste. En effet, quelle importance dans les principes ! quelle profondeur dans les réflexions ! quelle précision dans les idées ! Et le style ? c'est celui des grands écrivains. Il respire d'ailleurs un amour religieux pour le bonheur des hommes, qui est comme l'ame de tout l'ouvrage, j'ai presque dit la divinité. Cet écrit administrera l'Europe. L'envie aura beau mordre la statue de M. Necker : elle est de bronze.

LETTRE XX.

A Gênes.

Le *cicisbéisme* [29] mérite une attention particulière.

Il n'est, dit-on, nulle part plus en vogue qu'à Gênes.

Qu'est-ce, en apparence, qu'un cicisbé ? Qu'est-il dans la réalité ? Comment une femme en prend-elle ? Comment un homme veut-il l'être ?

---

[29] L'Académie n'ayant pas admis ce mot, l'orthographe n'en est pas déterminée par une autorité prépondérante. Aussi n'avons-nous fait aucune difficulté d'écrire Cicisbé et Cicisbéisme, au lieu de Sigisbé et de Sigisbéisme, qui s'éloignent trop du mot italien *Cicisbeo*, dont la signification propre est Galant, Petit-maître.

Comment les maris en souffrent-ils ? Est-ce le lieutenant d'un mari ? Jusqu'à quel point le représente-t-il ? Quelle est l'origine de cet usage ? Quelle cause l'entretient ou l'altère ? Quelle influence a-t-il sur les mœurs ? En trouve-t-on des traces ou des approximations dans les mœurs des autres peuples ? Questions difficiles à résoudre. En deux mots, le cicisbé représente à peu près, à Gênes, l'ami de la maison, à Paris.

Les femmes n'ont ici nulle autorité domestique. Le mari ordonne et paie. Chez beaucoup de nobles et de riches, un prêtre est l'économe. J'en ai vu un contrôler le déjeûner qu'on portait à une dame.

Les Génoises sont très mal mises ; elles confondent la richesse et les ornements, les ornements et la parure ; nulle intelligence des convenances de la coiffure avec les traits, des couleurs avec le teint, des étoffes avec la taille ;

pas une ne sait pallier un défaut, ni faire valoir une beauté, ni dissimuler des années. Elles se fardent toutes, même les plus blanches. Le blanc est à la mode à Gênes, comme le rouge l'est à Paris ; le rouge est déshonoré à Gênes, ainsi que le blanc parmi nous : contraste qui paraît bizarre, mais quand on n'a pas voyagé.

Les femmes ont adopté un certain voile que l'on appelle *mezzaro*. Elles peuvent sortir et aller seules partout avec ce voile, sans qu'on puisse le trouver mauvais. Ce voile cependant ne les cache point ; il ne cache que beaucoup d'intrigues.

Les mœurs, à Gênes, sont dépouillées de toutes ces affections naturelles qui ailleurs en font l'ornement, le bonheur et la vertu. On n'y est pas mère, on n'y est pas enfant, on n'y est pas frère : on a des héritiers et des collatéraux ; on n'est pas même amant : on est un homme ou une femme.

Les jeux de hasard sont permis publiquement à Gênes. Il n'est pas étonnant que des souverains qui jouent à la Bourse aux effets publics, toute la matinée, jouent, tout le soir, aux cartes dans leurs assemblées. Malgré le jeu, ils s'ennuient beaucoup. Ils ne se rassemblent jamais pour dîner ni pour souper ensemble. Dans les assemblées, on sert des rafraîchissements, on illumine, on gagne ou l'on perd, et le cicisbéisme va son train.

La superstition est excessive à Gênes. Les pavés sont noirs de prêtres et de moines. Les rues sont éclairées par des madones, suffisamment.

Cette ville offre les contrastes les plus singuliers. Il y a tant de libertinage à Gênes, qu'il n'y a pas de filles publiques; tant de prêtres, qu'il n'y a pas de religion; tant de gens qui gouvernent, qu'il n'y a pas de gouvernement; tant d'aumônes, que les pauvres y fourmillent.

LETTRE XXI.

A Gênes.

Quel est ce superbe monument? Sa masse, son élévation, son étendue, sa magnificence m'étonnent! C'est un hôpital! On l'appelle *Albergo dei Poveri*, l'Asile des Pauvres. Il fallait l'appeler le palais des pauvres. Mais que ces colonnes de marbre, que ces pilastres de marbre, que tous ces ornements de marbre me blessent! Chacune de ces colonnes tient la place de plusieurs hommes. A-t-on voulu rendre aux pauvres, dans un seul palais, la part qui leur appartient dans tous les palais?

Les pauvres sont recueillis ici dans un asile, et non renfermés dans une prison. Ils sortiront tous après-demain, s'ils le veulent, les filles avec une dot, les hommes avec un métier. Ces bienfaits-ci ne sont pas des chaînes.

On a eu soin de répandre dans l'immensité de cet édifice, les statues de tous les bienfaiteurs qui l'ont fondé ou qui l'entretiennent. Les premiers sont représentés assis, les seconds debout. Heureux et attendrissant emblême ! distinction ingénieuse !

Je suis bien aise pour les ames sensibles qui sont cachées ici sous la misère, qu'elles puissent attacher leur reconnaissance à quelque chose qui offre plus de prise que n'en offre un nom : à des images, à du marbre.

On doit cet hôpital et ses revenus à plusieurs causes : à la vanité, à la religion, à la pitié.

Les revenus de cet hôpital sont immenses : ils suffiraient pour nourrir quatre fois autant de pauvres ; mais il y a des administrateurs.

J'ai vu dans la chapelle un médaillon de marbre : il représente *Jésus mort, dans les bras de sa mère*. C'est Jésus, c'est la mort, c'est une mère, et c'est Michel-Ange.

Voici des statues qui figurent une Assomption ; on les doit au ciseau du Puget, qui, en représentant un miracle, en a fait un.

LETTRE XXII.

A Gênes.

Les églises ressemblent ici à des salles de spectacles.

Il est difficile d'entasser plus de dorure, plus de peinture, plus de marbre ; mais que ce faste et ce luxe sont déplacés !

Il faut que le cœur, dans un temple,

ne trouve que Dieu pour se prendre: tous ces tableaux, toutes ces statues, tous ces ornements le retiennent. On ne doit mettre entre l'homme et Dieu que ce qui les rapproche : l'immensité qui les sépare.

Le milieu d'une forêt vaste et profonde, tel serait, à mon gré, le plus beau des temples; le seul ornement que je lui voudrais, c'est un jour sombre. C'est là que les Gaulois croyaient Dieu; c'est là que les imaginations vives le sentent.

C'est donc bien mal entendre l'architecture des églises que d'en faire, comme à Gênes, des salons de palais, ou des salles de spectacles.

On doit excepter la cathédrale, qui a quelque majesté; et il faut faire grâce à l'église de Carignan, en faveur de la statue de saint Sébastien, créée par le ciseau du Puget.

L'expression du visage est admirable : la douleur y combat avec la foi.

Que ce marbre souffre ! Ils ont eu la barbarie de percer de flèches un si beau corps ! de tourmenter si cruellement une si belle ame ! Elle semble n'attendre que le moment d'échapper à la douleur, et de retourner au ciel.

Voici une autre statue du Puget, représentant je ne sais plus quel évêque : elle est belle aussi ; mais elle est près de saint Sébastien. On l'admire, mais on vient d'être touché.

LETTRE XXIII.

A Lucques.

Je m'éveille dans une ville où, il y a environ deux mille ans, Pompée, César et Crassus déchirèrent l'univers romain, et le partagèrent entre eux [30].

[30] L'an 60 avant l'ère vulgaire.

Sûrement, après y avoir passé ce contrat par-devant quatre cent mille hommes, il n'y dormirent pas aussi bien que moi.

Au lieu du sénat de Rome, j'ai trouvé le sénat de Lucques.

Tout l'empire de Lucques a 8 lieues carrées. Une population de 120,000 habitants s'efforce tous les ans, en ne mangeant pas la moitié de l'année, de vivre pendant toute l'année.

Cet arbre, planté dans un sol fertile, mais peu étendu, a encore le malheur d'avoir deux cents branches gourmandes, ou deux cents familles nobles.

D'un côté, le privilége d'opprimer; de l'autre, la nécessité de souffrir l'oppression : voilà ce qui s'appelle ici, comme dans toutes les aristocraties ou tyrannies à cent têtes, LA LIBERTÉ.

Le mot *Libertas* est écrit en lettres d'or sur les portes de la ville, et à tous les coins des rues ; et à force de lire le nom, le peuple a cru posséder la chose.

Les nobles ont soin de célébrer tous les ans une grande fête en mémoire de la liberté. Mais comment est-il possible que le peuple croie à la liberté ? — Comment ! Ils croient bien que ce crucifix de bois, qu'on appelle *Volto Santo* [31], à qui l'on met des pantoufles de velours cramoisi les jours ouvrables, et des pantoufles de drap d'or tous les dimanches, un beau jour a pris sa volée de l'église de Saint-Ferdinand, où apparemment il s'ennuyait, pour venir s'établir dans une chapelle, au milieu de la cathédrale.

J'ai obligation de plusieurs détails importants sur Lucques au comte de R...., un des principaux tyrans de cette petite ville.

Le comte de R.... a vécu beaucoup

---

[31] Le saint Visage ; la sainte Face. Il est placé dans la cathédrale, église gothique du onzième siècle. Les dévots croient qu'il est l'ouvrage de Nicodème et de quelques anges.

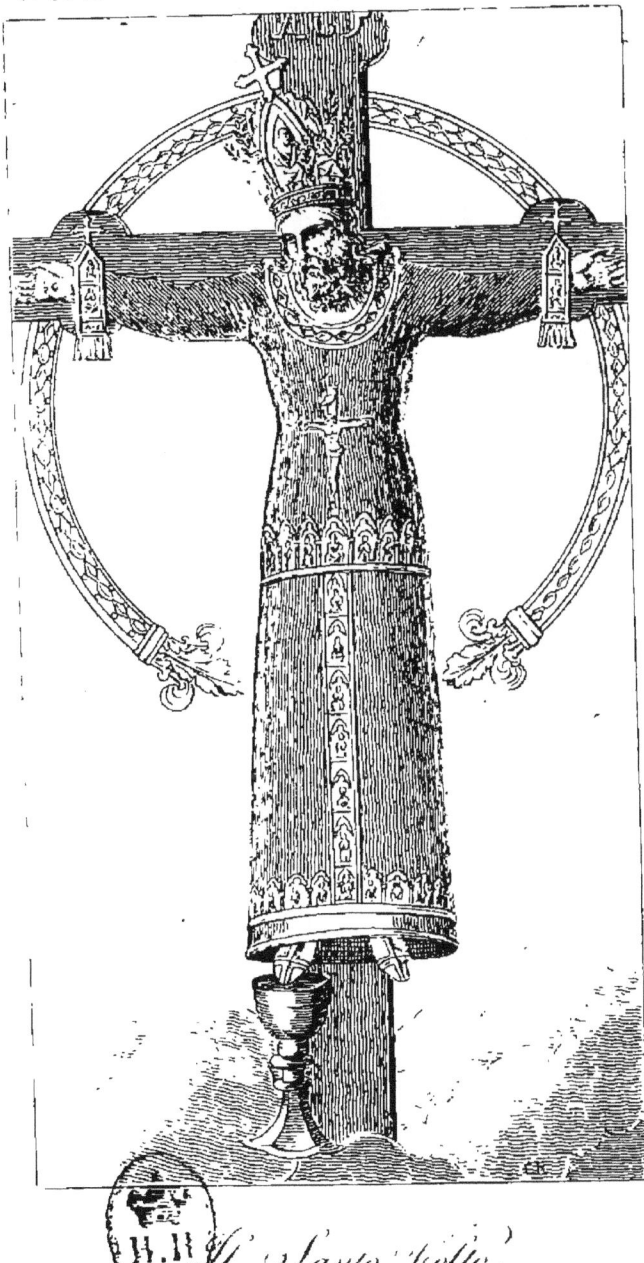

Il Santo Volto.

en France. Il parle très bien français, surtout à Theresa M....., qui pense en anglais et parle en français. Elle m'a dit que, quand on a ouvert la littérature française, on ne pouvait plus supporter la littérature italienne. — Ah! madame, le Tasse! l'Arioste! — L'Arioste et le Tasse, m'a-t-elle répondu, sont des poëtes de tous les pays, et leur langue n'a été que la leur. — Et Métastase? ai-je ajouté, car sûrement vous êtes sensible (je voulais dire qu'elle était jolie). Elle a très bien entendu : elle a souri. — Métastase, à la bonne heure; encore n'a-t-il que le trait; Racine, au contraire, peint et finit. Métastase effleure le cœur; Racine le blesse. — Theresa M..... dit de ces choses-là, et Theresa M..... est jolie.

Le comte m'a introduit le même soir dans la principale conversation des nobles Lucquoises. C'est l'ennui qui y préside.

Les femmes m'en ont fait confidence, et elle était inutile. Une loi barbare, qui a osé attenter à leurs charmes, qui leur a ôté la parure, les condamne à porter le deuil pendant tout le cours de l'année. Dans le carnaval, il est vrai, elles portent des robes de couleur, et en changent alors tous les jours. Étranges lois somptuaires!

J'ai eu beaucoup de peine à me procurer les Lois criminelles de l'état de Lucques : on ne les trouve pas chez les libraires. Un avocat m'en a vendu un exemplaire, et prétend me l'avoir cédé.

J'ai représenté aux nobles Lucquois combien il était extraordinaire que, dans une république, on ne pût se procurer la connaissance des lois criminelles. — On est censé les savoir, m'a-t-on répondu. — Dans une république, messieurs, on ne doit pas être censé savoir les lois : on doit réellement les savoir. Passe dans certaines monarchies, où les lois sont incertaines et impuissantes.

Expliquez-moi, monsieur le comte, comment la loi interdit aux citoyens la judicature, et la confie à des étrangers. — C'est afin que les juges, n'ayant aucun rapport intime avec les citoyens, soient plus impartiaux. — Mais, monsieur le comte, je veux que les étrangers n'apportent aucune relation intime avec les citoyens : pouvez-vous les empêcher d'en contracter tôt ou tard? D'ailleurs, le meilleur gardien de l'intégrité d'un juge, n'est-ce pas l'opinion publique? Or, l'opinion publique a bien moins de prise sur des étrangers qui passent, que sur des citoyens qui demeurent. L'honneur de tout homme est dans sa patrie. — Que voulez-vous? C'est l'usage dans l'Italie. — Cet usage médit de l'Italie.

Monsieur le comte, pourquoi les jugements civils sont-ils soumis à l'appel, et non pas les jugements criminels ? — Cet usage est ancien. Il a été établi dans des temps de troubles, à la suite des guerres civiles. Il fallait alors imposer au peuple : il fallait suspendre le glaive immédiatement sur sa tête. — Je me doute bien que cette loi, comme tant d'autres, a été faite, non pour le peuple, mais contre le peuple. Les trois quarts des lois ne sont que des armes ; les lois les plus douces sont des chaînes. Mais ce temps de troubles est passé ; pourquoi donc en maintenez-vous l'usage ? — On y est fait. Il est dangereux d'innover dans les républiques. — Vous avez raison : dans un état où le sommet écrase la base, le moindre mouvement dans la base est toujours fatal au sommet.

Permettez-moi encore une question. Par l'effet de vos substitutions indéfinies, de votre droit d'aînesse, qui interdit aux cadets tout établissement convenable, le nombre des individus nobles, et même de familles nobles.

s'éteint insensiblement. — Cela est vrai. — Cet inconvénient vous oblige, pour remplir les différents départements du souverain, d'y appeler les jeunes nobles, dès qu'ils sont devenus majeurs. — Cela est vrai. — Mais pourquoi ne corrigez-vous pas un abus si dangereux? Pour cet abus-ci vous êtes sans excuse : il n'y va que de votre intérêt. — L'intérêt présent, vous le savez, prévaut presque toujours sur l'intérêt à venir. On est homme avant tout; on n'est citoyen qu'après. Vos réflexions sont justes; on les a faites : il est certain que l'ordre des nobles est fort réduit; qu'à peine pouvons-nous former le nombre de cent vingt, nécessaire pour exercer, en entier, la souveraineté. — Mais comment les cadets, qui opinent au sénat, souffrent-ils des lois si oppressives? — Les frères n'ont entre eux qu'une seule voix au sénat, et les aînés y viennent toujours. — Je conçois maintenant pourquoi vous avez tant divisé l'exercice de la souveraineté, et l'avez en même temps abrégé au point que, dans la révolution de deux mois, il n'en reste plus dans aucune main; et que, dans la révolution de deux ans, il en a passé par toutes : vous vous êtes craints vous-mêmes; mais peut-être trop, et pas assez, au contraire, les étrangers et le peuple. Vous avez organisé votre gouvernement comme si vous deviez être toujours en guerre entre vous, et toujours en paix avec vos voisins. — Cela peut être. Cependant nous ne craignons rien. — Tant pis. Une république n'a jamais tant à craindre que lorsqu'elle ne craint plus rien. Mais, d'où vient votre sécurité? — Le grand-duc a confirmé tous nos priviléges. — Et vous ne craignez pas un homme qui peut confirmer tous vos priviléges? Du côté du peuple, j'en conviens, je vous crois plus en sûreté : il est pauvre; vous lui vendez le pain; vous lui donnez des fêtes ; il croit au *Volto Santo*, et même à la liberté ; et vous autres nobles, croyez peu de choses. — Il est vrai qu'en général les nobles ont beaucoup de philosophie.—Oui, de la philosophie de Machiavel. Vous crevez donc aussi les yeux à vos esclaves ? Le trône s'appuie donc aussi chez vous sur l'autel ? —Pourvu qu'il se soutienne, n'importe comment : sur le sable ou sur le roc.

—Monsieur le comte, vous pourriez me taxer, non pas d'indiscrétion, mais d'impertinence, si je creusais davantage votre constitution ; parlons à présent de tableaux. — Volontiers, me dit-il ; nous serons peut-être plus d'accord sur ce chapitre. Voulez-vous venir voir les miens ? Nous irons voir ensuite ceux du comte de B....

Le comte de R.... a plusieurs beaux tableaux ; mais ceux du comte de B.... sont supérieurs. Il possède l'esquisse de la belle Cène de Paul Véronèse, dont l'original est à Gênes.

*

Ah ! voilà le Corrége, car voilà la grâce. C'est un petit enfant qui caresse un agneau. Il le touche à peine : on dirait que ses petites mains le baisent.

Parler d'autres tableaux, après avoir parlé d'un tableau du Corrége, les Grâces ne me le pardonneraient jamais.

Que reste-t-il donc à dire sur Lucques ?

A Lucques, il faut entrer dans le palais du sénat; mais seulement pour avoir vu le palais du sénat de Lucques.

A Lucques, j'ai vu sur la boutique d'un libraire un livre intitulé : *Des avantages et de la sainteté de la Virginité, prouvés par l'Écriture et la vie des enfants;* et sur la table du sénat, un livre intitulé : *De la richesse des nations*, par Smith.

A Lucques, on peut visiter la bibliothèque des Jacobins, pour voir des livres qu'on ne lira jamais.

A Lucques, quoi qu'en dise M. de...,

on est assailli de pauvres, et le peuple n'est pas féroce.

Le peuple est-il heureux à Lucques? Car voilà par où il faut finir toutes les recherches et toutes les questions sur un peuple.

Mais que cette question est difficile à résoudre! Qu'il est difficile de définir le bonheur et le malheur d'un peuple, et surtout de les mesurer! — Avec le poids de la population, m'a dit le comte de R.... Or, d'après ce poids, a-t-il ajouté, le peuple de Lucques est heureux. La population, en effet, est telle ici, que le pays ne peut la nourrir.

— Vous croyez, monsieur le comte, au bonheur de pères qui ne peuvent nourrir leurs enfants, d'enfants qui sont obligés de fuir leurs mères, de citoyens que leur patrie expose? — Mais vous savez pourtant bien que la population est le thermomètre de la prospérité d'un pays.

— Je sais, monsieur le comte, qu'on le prétend, qu'on le dit, qu'on l'écrit;

mais peut-être en est-il de cela comme de presque tout ; le bien est au milieu. Je crois qu'en-deçà et au-delà d'une certaine masse de population, le malheur d'un peuple commence. Il faudrait considérer la population sous différents points de vue : comme cause et effet de la prospérité publique ; dans les grands et petits états ; dans certaines situations politiques ; à différentes époques de la civilisation : et c'est ce qui est encore à faire.

Ce qu'il y a de sûr, c'est que le peuple Lucquois n'est pas content.—Que dis-tu, mon ami, de la liberté, disais-je à un homme du peuple ?—Bonne pour les nobles, monsieur ; mais non pas pour nous. — Et un autre : *timor* fait plus ici qu'*amor*. — Et un autre : les nobles ne paient aucun droit d'entrée ; on n'ose pas fouiller leurs voitures.

Les nobles s'occupent beaucoup plus ici qu'à Gênes, du gouvernement. Ils ont, à la vérité, beaucoup moins d'autres intérêts : ils n'ont pas celui du commerce ; d'ailleurs, la petitesse de leur état est à la fois, pour eux, une sauvegarde et une menace continuelle.

Hier, le sénat de Lucques est resté assemblé depuis cinq heures du soir jusqu'à quatre heures du matin. De quoi était-il question ? de donner une retraite à un sergent.

Il n'y a pas 600 hommes de garnison à Lucques ; et M. de *** en compte 6,000.

Les paysans Lucquois se tuent pour la moindre querelle. Pour une injure, un coup de couteau. Les disputes ne sont pas longues avec de pareils arguments. Le voisinage des montagnes, la proximité des états voisins, et le défaut de bonne justice, entretiennent dans ce peuple cet esprit de *vendetta*.

Adieu, Lucques ! adieu, M. R.....! adieu *Libertas!* mais adieu, surtout Theresa M....; car il n'y a vraiment que vous, Theresa M......, que l'on quitte en partant de Lucques.

LETTRE XXIV.

A Pise.

Avant d'arriver à Pise, on rencontre des eaux minérales [32].

Le grand-duc y est, depuis trois semaines, avec la grande-duchesse, et quelques-uns de leurs enfants qu'on inocule.

J'ai visité les bains. C'est la plus belle eau, qui coule dans le plus beau marbre, et avec elle, dit-on, la santé.

Pise est bâti sur les deux bords de

---

[32] Ce sont les bains de Pise, justement renommés. On les appelle aussi bains de Saint-Julien, parce que la source de ces eaux thermales est au pied d'une montagne qui porte ce nom. Jean Cocchi et Jean Bianchi ont publié sur ces bains de savantes dissertations.

Tour de la Cathédrale de Pise.

l'Arno. Il est désert. Une population de 120,000 citoyens, sous les consuls et les premiers Médicis, s'est réduite insensiblement à 15,000 habitants, sous les rois. Il est vrai que le commerce de l'Inde ne passe plus par l'Italie.

La cathédrale de Pise, qu'on appelle le Dôme [33], mérite l'attention du voyageur. Sa tour fixe d'abord les regards : elle les effraie. Elle est tellement inclinée, qu'on croit qu'elle tombe ; mais ce qui rassure, c'est que, depuis plusieurs siècles, elle tombe, comme l'empire romain sous les Césars.

Ce phénomène est la matière d'un grand problème. Est-ce un accident du sol, ou la volonté de l'architecte qui a incliné cette tour ? Discuter cette question serait une belle occasion pour être ridicule et ennuyeux : il faut tâcher de la manquer [34].

[33] Comme toutes les autres cathédrales en Italie.
[34] Toutefois, il n'est pas hors de propos de

Il vaut mieux considérer les portes d'airain de la cathédrale, qui ont sans doute servi de modèle à ce demi-vers de Virgile :

. . . . . *Spirantia mollius æra.*

Cet airain respire en effet.

La cathédrale est grande et majestueuse : deux rangs de colonnes antiques de granit, au nombre de soixante-dix, et qui sont les débris d'anciens

faire remarquer que cette tour, en marbre de Carrare, construite en 1174, présente sept rangs de colonnes élevés les uns sur les autres. Sa pente est de 13 à 15 pieds, sur une élévation de 188 pieds.

Nous avons cru devoir placer à côté de la tour de la cathédrale de Pise, la tour également inclinée de Bologne, et qui est connue sous le nom de Garisenda. Elle fut construite en briques, dans l'année 1110, par Philippe Garisendi. Sa hauteur est de 130 pieds, sur la totalité desquels elle penche de sept.

Pl. 3.   Let. 24.

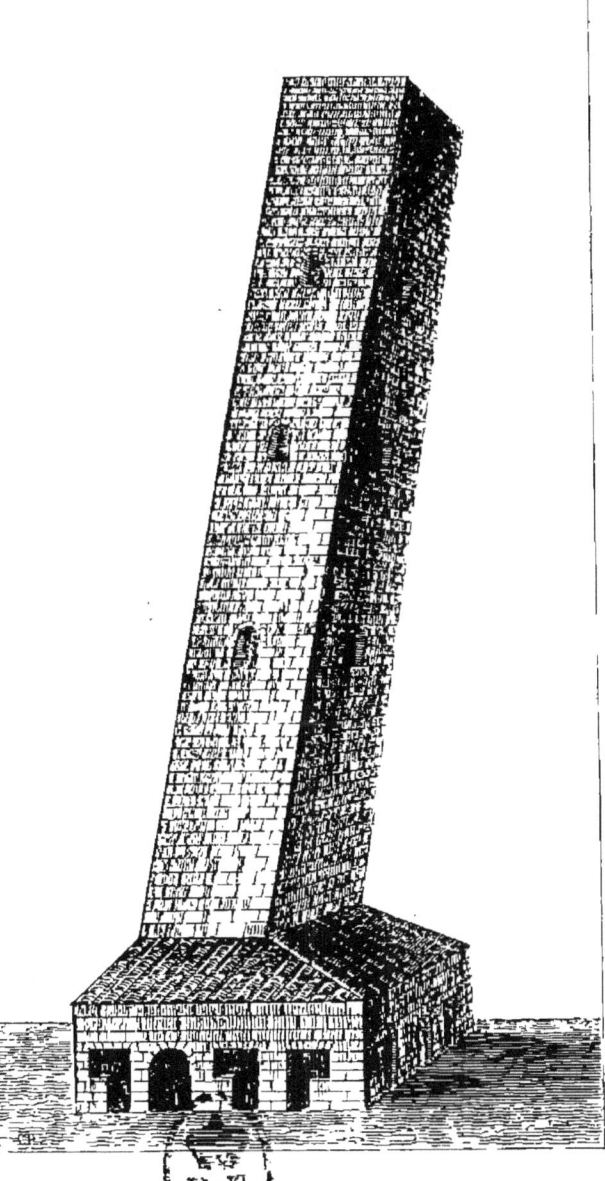

La Garisenda, à Bologne.

temples, n'ont pu être défigurées par le goût gothique qui les a rassemblées là.

Le baptistère, ou la rotonde, a aussi son mérite.

Mais on est saisi, on est frappé, en entrant dans le *Campo Santo*, autrefois le cimetière des Pisans : superbe et immense cloître, rempli de tombes et de mausolées de marbre, dont plusieurs sont admirables. Un de ces mausolées a été érigé à Algarotti, par le roi de Prusse.

OVIDII ÆMVLO,
NEWTONIS DISCIPVLO,
FEDERICVS MAGNVS.

Les noms d'Ovide, d'Algarotti, de Newton, de Frédéric, sur un tombeau !

Le milieu de ce cloître est un jardin, dont le sol est de la Terre-Sainte, que les Pisans apportèrent, du temps des croisades, pour y enterrer leurs morts.

Cette terre a, dit-on, une propriété remarquable : elle dévore un cadavre en une heure. Mon imagination retournera plus d'une fois au *Campo Santo*. Tous ces marbres, toutes ces épitaphes, ce long cloître, ce silence, cette solitude, cette terre, ces grands noms, ces siècles : que le cœur est ému et pressé parmi tout cela !

LETTRE XXV [*].

A Florence.

La plus belle galerie du monde, mon cher ami, est à Florence; mais je ne vous parlerai point aujourd'hui de

---

[*] Cette Lettre, adressée à M. le marquis de Marnésia, a été insérée dans son intéressant poëme *sur la nature champêtre*.

tableaux, de statues, d'images; j'ai vu Léopold et son peuple [35].

Léopold aime son peuple, et il a supprimé les impôts qui n'étaient pas nécessaires; il a licencié presque toutes ses troupes : il n'en a gardé que ce qu'il fallait pour en conserver un modèle.

Il a détruit les fortifications de Pise, dont l'entretien était fort coûteux; il a renversé les pierres qui dévoraient les hommes.

Il a trouvé que sa cour lui cachait son peuple : il n'a plus de cour. Il a établi des manufactures. Il a fait ouvrir partout des chemins superbes, et à ses frais. Il a fondé des hôpitaux; on dirait que les hôpitaux, dans la Toscane, sont les palais du grand-duc. Je les ai visités,

---

[35] Pierre-Léopold-Joseph, second fils de l'empereur François 1er et de Marie-Thérèse, né le 4 mai 1747; grand-duc de Toscane en 1765; monta sur le trône impérial d'Allemagne le 15 novembre 1791, et mourut à 45 ans, le 2 mars 1792.

et j'ai rencontré partout la propreté, l'ordre, les soins délicats et attentifs. J'ai vu des vieillards malades : ils avaient l'air d'être servis par leurs enfants ; j'ai vu des enfants malades : ils avaient l'air d'être servis par leurs mères. Je n'ai pu voir, sans verser des larmes, ce luxe de la miséricorde et de l'humanité. Sur les façades de ces hôpitaux, on a donné à Léopold le titre de Père des pauvres ; les hôpitaux seuls lui donnaient ce titre. Il est des monuments qui n'ont pas besoin d'inscriptions. Le grand-duc vient souvent visiter ses pauvres et ses malades, et ne néglige pas le bien qu'il a fait ; il n'a pas seulement des mouvements d'humanité : il a une ame humaine. Il ne paraît jamais dans ce séjour des angoisses et des douleurs, sans faire verser des larmes de joie ; il n'en sort jamais sans être couvert de bénédictions. On croit entendre la reconnaissance d'un peuple heureux ; et ces cantiques s'élèvent d'un hôpital.

On peut être présenté au grand-duc sans avoir quatre cents ans de noblesse, sans descendre de ceux qui ont disputé la couronne à ses ancêtres. Son palais est ouvert à tous ses sujets, sans exception, comme les temples. Il y a seulement trois jours dans la semaine, consacrés plus particulièrement à une certaine classe d'hommes ; ce n'est ni aux grands, ni aux riches, ni aux peintres, ni aux musiciens, ni aux poëtes : c'est aux malheureux.

Ailleurs, le commerce et l'industrie sont devenus, comme les terres, le patrimoine d'un petit nombre d'hommes ; chez Léopold, tout ce qu'on sait faire, on peut le faire ; on a un état, dès qu'on a un talent ; et il n'y a qu'un seul privilége exclusif : c'est le génie.

Les prières qu'on fait à Dieu, pour lui demander des moissons, ne font plus descendre la famine dans les campagnes. Ce prince a enrichi l'année d'un grand nombre de jours de travail, qu'il a repris à la superstition, pour les rendre à l'agriculture, aux arts et aux bonnes mœurs. Il est occupé d'une réforme entière de sa législation. Il a vu une lumière nouvelle dans quelques livres de la France : il se hâte de la faire passer dans les lois de Florence. Il a commencé par simplifier les lois civiles, et par adoucir les lois criminelles. Il y a dix ans que le sang n'a coulé, en Toscane, sur un échafaud. La liberté seule est bannie des prisons : le grand-duc les a remplies de justice et d'humanité.

Cet adoucissement des lois a adouci les mœurs publiques ; les crimes graves deviennent rares depuis que les peines atroces sont abolies : les prisons de la Toscane ont été vides pendant trois mois.

Le grand-duc a porté deux lois somptuaires admirables : l'accueil qu'il fait à la simplicité, et son exemple.

Quand le soleil se lève sur les états

de ce prince, le prince déjà les gouverne. A six heures du matin, il a essuyé bien des larmes. Ses secrétaires d'état sont des commis.

Les nobles trouvent qu'il ne les distingue pas assez; les prêtres, qu'il ne les craint pas assez; les moines, qu'il ne les enrichit pas assez; les gens en place, qu'il les surveille trop. Dans ses états le magistrat juge; le militaire sert; le prélat réside; l'homme en place fait sa place : c'est que le prince règne.

Ses enfants ne sont pas élevés dans un palais, mais dans une maison : il cherche à en faire des hommes, non pas des princes, car ils le sont. L'éducation qu'on leur donne les rapproche sans cesse des malheurs dont leur condition les éloigne. On expose leurs cœurs à tout ce qui peut les ouvrir à la pitié et à la bienfaisance. — J'ai vu dans leurs mains les ouvrages de Locke.

« Je ne connais, disait un jour le grand-duc, que deux sortes d'hommes dans mes états : les gens de bien et les méchants. »

Il est question, dans ce moment, de donner des fêtes au roi et à la reine de Naples. On lui a proposé, pour subvenir aux frais, une imposition fort modique. « Ma femme, a-t-il répondu, a encore pour trois millions de bijoux. »

Le grand-duc est heureux, car ses peuples sont heureux ; et il croit en Dieu.

Quelles doivent être les jouissances de ce prince, lorsque, tous les soirs, avant que de fermer les yeux sur son peuple, avant de se permettre le sommeil, il rend compte au souverain Être du bonheur d'un million d'hommes pendant le cours de la journée ! Figurez-vous un tel prince dans une telle confidence avec Dieu.

J'oubliais une parole de Titus. On regrettait un jour, devant le grand-duc, que ses états ne fussent pas plus étendus. « Ah ! s'écria-t-il, il y a encore des malheureux dans mes états ! »

LETTRE XXVI.

A Florence.

Hier, en vous parlant du grand-duc, je ne vous ai montré que les rayons du soleil; je veux vous montrer aujourd'hui ses taches, du moins celles qu'on lui reproche; celles que l'envie prétend avoir découvertes, mais avec son œil louche, qui faisait lui-même ces taches.

On dit contre le grand-duc :

« Depuis qu'il a établi la liberté ab-
» solue du commerce et de l'industrie,
» les artisans sont sans pain. »

« Depuis qu'il a défendu d'empri-
» sonner les débiteurs, on ne prête
» plus aux malheureux. »

« Le grand-duc protége la mendi-
» cité. »

On dit enfin contre le grand-duc :
« Il hait le fisc et la noblesse, et il les
» vexe. »

Écoutez ma conversation, sur les
trois premiers chefs d'accusation, avec
une personne très instruite. Nous dis-
cuterons une autre fois le quatrième.

J'ai visité, lui ai-je dit, l'hôpital
de Pise ; je n'ai jamais vu d'hôpitaux
où l'humanité eût moins à se plaindre
des palais. L'inscription qu'on lit sur
la porte ne flatte pas : « La providence
de Léopold, père des pauvres ; » Pro-
videntia Leopoldi, patris pavpervm.
Je l'ai vue, cette providence, je l'ai
vue de mes yeux.

— On pourrait encore mieux faire,
m'a répondu la personne avec qui je
parlais. — Ces hôpitaux ont au moins
un grand avantage : c'est qu'ils sont
très aérés : l'air est pour la santé le premier des aliments, et le premier des

remèdes pour la maladie. — Vous avez vu nos hôpitaux ? Vous ne voyagez donc pas comme *la foule* des Anglais ? Sur cent il n'y en a pas deux qui cherchent à s'instruire. Faire des lieues par terre ou par eau; prendre du punch et du thé dans des auberges; dire du mal de toutes les autres nations, et vanter sans cesse la leur : voilà ce que *la foule* des Anglais appelle voyager : le livre de poste est le seul où ils s'instruisent.

— Mais, dites-moi, je vous supplie, quel effet la liberté indéfinie du commerce a-t-elle produit ?

— Un si bon effet, que je ne conseillerais à qui que ce fût de tenter de rétablir le régime réglementaire : il serait lapidé par le peuple. J'ai lu tout ce qui a été fait et écrit dans votre pays pour ou contre la liberté. L'expérience a résolu la question en faveur de la liberté. Avant elle, il y eut, en Toscane, deux années pauvres; il fallut que l'État achetât du blé; il en coûta à l'État cent mille écus : il y eut beaucoup de troubles, et l'on aperçut la famine. Depuis la liberté, il est survenu trois années plus fâcheuses; on n'a pas acheté de blé; on n'a pas contracté de dettes; il n'y a pas eu de troubles, et la Toscane a vécu. Je crois, à la vérité, qu'il faut, pour que la liberté du commerce soit salutaire, qu'elle soit indéfinie : quand on gêne le cours des rivières, il y a toujours des stagnations et des débordements. La liberté du commerce a augmenté singulièrement la culture et l'industrie : les laboureurs sont riches; les artisans, à leur aise. Les premières années ont été pénibles; mais c'est le sort des commencements : lorsque la liberté commence à marcher toute seule, elle fait toujours quelque chute; mais chaque chute l'instruit, et chaque pas la fortifie. — Sans doute, ai-je répondu, toutes les lois qui prohibent autre chose que des délits, sont oppressives.

J'ai demandé ensuite si le grand-duc s'occupait d'extirper la mendicité dans ses états ; car la mendicité est une des grandes plaies, un des grands crimes des sociétés actuelles. La mendicité est une exposition des hommes.

— Le gouvernement s'en occupe, me répondit mon interlocuteur ; mais il ne peut aller vite : la mendicité est favorisée par des préjugés religieux et des intérêts particuliers. On emploie ici les mendiants à savoir ce qui se passe dans les églises, combien on a brûlé de cierges au salut, quel prêtre a officié ; et d'ailleurs on fait faire à ces mendiants beaucoup de petites commissions à peu de frais. Si le gouvernement gênait la mendicité, la superstition crierait à l'impiété, à l'avarice, au despotisme : la mendicité a donc, en Toscane, des racines plus profondes que partout ailleurs ; elle en a sous les autels.

— Est-il vrai, ai-je demandé ensuite, que la défense faite aux créanciers d'emprisonner les débiteurs ait été cause qu'on a moins prêté aux malheureux, et qu'ils ont moins de ressources dans leurs besoins?

— On le craignait; l'événement a rassuré. Ce n'était jamais la caution de la liberté qui déterminait à prêter, puisque cette caution était toujours inutile ou onéreuse. La loi a laissé aux créanciers la saisie des biens. Tout homme malheureux trouvera toujours à emprunter sur sa probité; celui qui n'en a point, ne trouvera pas; mais c'est un bien : on ne saurait rendre la probité trop nécessaire.

Satisfait de ces réponses si lumineuses, quoique si simples, je demandai si l'on avait supprimé en Toscane la question et la peine de mort. — Elles le sont, non par une loi, mais par des ordres; on attend l'expérience pour faire une loi. — En effet, l'expérience seule révèle tous les biens secrets et tous les maux cachés; et une bonne législation est comme la bonne physique, elle doit être expérimentale. Il faut essayer les lois.

Il fut question encore des asiles supprimés en Toscane, et maintenus à Rome; des abus et du scandale de cet usage; de l'impossibilité que l'État Ecclésiastique fût bien gouverné; d'une bulle qui excommunie tous ceux qui, des États du pape, importent en Toscane certaines marchandises. — Un paysan, me dit mon interlocuteur, répondit un jour assez plaisamment, « que cette ex- » communication ne lui faisait rien; » qu'elle ne pouvait tomber que sur son » âne, qui seul portait la denrée, et qui » heureusement avait bon dos. » Nous parlâmes encore de la convention, entre tous les états d'Italie, de se rendre les criminels, excepté entre Gênes et la Toscane; enfin de beaucoup d'autres objets d'économie politique.

Avec qui ai-je eu cette conversation? A qui ai-je fait ces objections? Qui les a ainsi résolues ? Un écrivain ? un magistrat ? un particulier ? C'est le grand-duc. C'est lui qui m'a donné une heure d'audience, qui a permis que je le questionnasse, que je le pressasse, que je le critiquasse : c'est le grand-duc qui a dit toujours : « On a fait ; le gouvernement a fait » ; qui jamais n'a parlé de lui ; c'est le grand-duc qui a cette raison, cette simplicité, cette facilité ; c'est le grand-duc qui repoussait tous mes éloges, qui les parait avec une adresse que je n'ai pu tromper que deux ou trois fois ; c'est le grand-duc qui m'a parlé pendant une heure, debout, dans un cabinet où une simple table est un bureau; des planches de sapin sans couleur, un secrétaire; un bougeoir de fer-blanc, un flambeau : car le grand-duc n'a d'autre luxe que le bonheur de son peuple. — Et le grand-duc ne règne que sur la Toscane !

En sortant de cette audience, j'ai été admis à celle des trois aînés de ses enfants, dont le premier a seize ans. Le comte Manfredini, leur gouverneur, et digne de l'être, m'a introduit dans leur chambre; car leur appartement (je l'ai déjà dit, mais il est bon de le répéter), car leur appartement est une chambre, et leur palais une maison.

J'ai trouvé l'aîné lisant le livre de la Grandeur et de la Décadence des Romains. — Monseigneur, vous apprenez donc l'histoire?—Oui, Monsieur; c'est ma principale étude, avec l'Essai de Locke sur l'Entendement humain. — Monseigneur, vous étudiez Locke! Il vous sera bien utile, lorsqu'un jour il vous faudra régler des cerveaux humains dans vos états, d'avoir décomposé le cerveau humain dans votre cabinet. Mais permettez-moi de vous inviter à joindre à la lecture de Locke celle de l'Art de penser, et de la Logique de l'abbé de Condillac. — Nous savons que ces ouvrages existent, nous les lirons.

*

Nous avons causé ensuite sur Locke et sur Condillac, sur les avantages de l'esprit métaphysique, qui seul conduit à la vérité, et de l'esprit analytique, qui seul la trouve; sur le système de la liaison des idées, si fécond en vérités importantes, dont Condillac s'est prétendu l'inventeur, et qui tout entier est dans Locke. J'étais ravi, j'étais attendri de voir un prince s'essayer à l'art de rendre les hommes heureux, en apprenant l'art de connaître l'homme. Ce prince pourra gouverner par lui-même, car il connaîtra : il pourra vouloir.

Ce matin, en me promenant dans le jardin botanique, j'ai rencontré un petit enfant, à qui un démonstrateur faisait connaître les plantes : c'était un enfant du grand-duc. On aime à voir les enfants des rois avec la nature.

Il faut maintenant quitter le grand-duc à Pise, et l'aller chercher à Livourne. Le grand-duc est en effet dans tous ses états, et on le sait : c'est sa police.

Quelqu'un me disait : Il ne faut pas savoir tant de gré au grand-duc d'aimer le peuple; le prince de...... l'aime aussi. — Le grand-duc, ai-je répondu, aime le peuple ; et le prince de.... aime la populace.

LETTRE XXVII.

A Florence.[a]

Je vais vous entretenir de la célèbre galerie.

On a réuni dans son vestibule les portraits de tous les Médicis qui ont

---

[a] Voyez, dans les Appendices de ce volume, le n° XI.

rassemblé, dans la galerie, cette foule de chefs-d'œuvre. C'est un trait d'esprit et de justice tout à la fois. Les Médicis semblent se tenir tous ensemble, dans ce vestibule, pour faire tous ensemble aux étrangers les honneurs de leur palais et des restes de leur puissance.

Je me suis plu à considérer ces huit Médicis, entre les mains desquels, pendant plusieurs siècles, au milieu des guerres civiles et étrangères, et des paix qui les séparèrent, l'autorité souveraine qui régit aujourd'hui la Toscane a crû insensiblement, a crû depuis cette première influence de l'esprit, des vertus et des richesses qui commencent la monarchie, jusqu'à la puissance énorme du nom de prince, de l'habitude et des cordons, qui achèvent le despotisme.

On compte dans la galerie cinquante-huit statues antiques, quatre-vingt-neuf bustes antiques, et trois groupes, qui le sont également, une foule d'ailleurs de grands tableaux.

Je vous parlerai d'abord des statues.

La première qui m'a frappé, c'est un superbe cheval qui s'élance, impatient, du marbre, et qui, du pied, des narines, de la crinière et de l'œil, semble, se sentant enfin créé, demander la terre, et dévorer l'étendue.

Approchons de ce Romain qui harangue ; c'est César : tout son corps parle. C'est donc là cette bouche éloquente d'où sont sorties tant de chaînes !

Cet Apollon est admirable ! Quelles belles formes ! Cette ligne qui le dessine en entier, comme elle coule, comme elle fuit, comme elle revient, comme elle lie invisiblement tous les membres les uns aux autres ! Le souffle le plus doux et le plus pur de la vie enfle, soutient et anime tous ces beaux membres. Cette tête est bien inspirée ! Il y a de l'avenir dans ce regard !

Au commencement du printemps,

dans un bocage, parmi les lilas et les roses, au bord d'un ruisseau qui murmure, au roucoulement des colombes et au chant du rossignol, votre imagination aura beau rêver, elle ne rêvera jamais rien de si délicieux que cette Flore. Tous ses charmes viennent d'éclore à l'instant, comme les fleurs qu'elle tient à la main.

Quel est ce dieu si charmant? C'est Mercure. Comment donc était fait l'Amour?. Ce corps est vraiment divin : il n'a jamais ressenti les besoins du corps; il n'en a éprouvé que les plaisirs, quand ils ne sont encore que des plaisirs. Quelle harmonie dans ces formes! Quelle mélodie! Oui, elles composent pour l'œil (qu'on me passe cette expression) un air charmant. Il y a une musique de la couleur et de la forme, comme il y a une musique du son.

A côté de ce Mercure, on voit un Bacchus. A côté de ce Mercure, ce Bacchus est encore beau ; Michel-Ange a rapproché ce dieu de l'humanité. Une femme tendre préfèrera Mercure ; une femme passionnée choisira Bacchus.

Mais voici un autre Bacchus qui surpasse encore le premier. Il est appuyé sur un Faune. Quelle délicatesse admirable dans ses membres et dans ses formes ! Ce Bacchus échappe au regard : c'est, pour ainsi dire, tout ce qui reste d'un objet aimé, dans une imagination tendre, après quelque temps d'absence. — Quoi, c'est là le fameux Bacchus de Michel-Ange ! me disait un amateur ; où est donc l'ivresse qui doit caractériser Bacchus ? Son regard n'est pas troublé ! il ne chancelle seulement pas ! — Est-ce que Bacchus, lui répondis-je, était un homme ?

Je ne peux m'arrêter à chacune de ces statues : elles ont toutes des beautés qui leur sont communes. Dans toutes, le nu est de la chair, les draperies sont des étoffes ; dans toutes, on ôte ou l'on pose, de la pensée, les vêtements qui les voilent; leurs vêtements les plus épais ne sont que des voiles.

Cette ligne unique, avec laquelle la nature dessine le corps humain, a pris ici, sous le ciseau et le génie des différents artistes, les formes les plus agréables, les mouvements les plus souples, les ondulations les plus molles : cette ligne ne trace aucun angle; c'est par des contours qu'elle fuit, c'est par des contours qu'elle revient; jamais elle ne s'arrête, et jamais elle n'arrête l'œil; chaque forme est toujours le commencement d'une autre forme. C'est ainsi qu'écrivent Racine, Virgile et Fénélon. Les Grecs avaient-ils donc appris de l'art toutes les propriétés de cette ligne créatrice, étudié tout ce qu'elle pouvait produire pour le plus grand plaisir de l'œil; ou la nature la leur avait-elle présentée elle-même sur les corps humains qu'elle faisait éclore sous son climat favori? En un mot, les artistes grecs n'ont-ils fait que traduire une nature plus heureuse, ou bien l'ont-ils inventée?

Je ne m'arrêterai point devant ce Laocoon, traduit par Bandinelli : l'original est à Rome.

Revenons à présent sur nos pas, et parcourons à la hâte cette collection de bustes des empereurs et des impératrices de Rome. Baissons les yeux : voilà l'Antinoüs ; détournons-les : voilà Néron ; arrêtons-les : voilà Marc-Aurèle ; laissons-les errer un moment au hasard : voilà cette foule d'empereurs d'un jour et de nom. Toutes ces têtes du despotisme que l'univers a vues successivement dans l'espace de trois cents ans, les voilà !

C'était par ces yeux, ces bouches, ces sourcils, ces fronts, que, pendant tant de siècles, le genre humain a tremblé! qu'au gré de leurs moindres mouvements, d'un bout du monde à l'autre, coulaient le sang et les larmes!

Trajan, Titus, Marc-Aurèle, je souris à votre aspect, comme l'univers à votre nom.

LETTRE XXVIII.

A Florence.

Non, je n'oublierai point ce tableau. Jésus est sur la croix ; sa mère est au pied, et regarde, mais d'un air si indifférent, qu'il semble que ce n'est ni son fils, ni un homme crucifié qu'elle regarde. Indifférence sublime ! elle est dans le secret de cette mort. Ainsi pensait Michel-Ange.

Pourquoi ce plafond est-il chargé d'arabesques ? Pourquoi des ornements si mesquins ? Pourquoi, au plafond de la galerie de Florence, des ornements ?

— Ils sont de Michel-Ange. — Eh bien ! ôtez-les de là, et portez-les à Paris, dans des boudoirs. Les arabesques de Michel-Ange me rappellent les pièces fugitives de Corneille.

Quoi, une collection de portraits à côté de la collection de ces beaux antiques ! Artistes, la belle nature en repos, ou la nature commune en mouvement ! Tout le reste ne peut intéresser et qu'un pays et qu'un siècle ; le reste meurt.

Mais comment le goût a-t-il pu souffrir qu'on plaçât, parmi tant de beaux tableaux, cette Vénus qui peigne l'Amour ? Est-ce que l'Amour a besoin d'être peigné ? Cherchez dans la chevelure de l'Amour une feuille de rose, qui sera tombée de sa couronne lorsqu'il aura tendu son arc.

Il faut repasser devant ce charmant Mercure pour effacer cette Vénus.

LETTRE XXIX.

A Florence.

Cette célèbre improvisatrice, qui a fait tant de bruit en Europe, qui a été couronnée, il y a quelques années, au Capitole, où l'avait été Pétrarque, où devait l'être le Tasse; Corilla, la célèbre Corilla [36], je l'ai vue hier; mais je suis arrivé trop tard.

Cette imagination volcanique est

---

[36] Corilla, surnommée Olympica par l'académie des Arcades de Rome, était née à Pistoie, en 1728. Son véritable nom était Marie-Madelaine Morelli Fernandez. Elle fut couronnée au Capitole le 31 auguste 1776, et mourut à Florence le 8 novembre 1800, d'une attaque d'apoplexie.

éteinte; cependant elle lance encore de temps en temps des étincelles.

Elle m'a lu plusieurs de ses sonnets. Je n'ai pu en saisir toutes les beautés, ou plutôt j'y en ai vu trop peu, c'est-à-dire trop peu d'idées, de sentiments et d'images.

Cette langue italienne les amuse et les trompe par sa douceur et sa mélodie. Charmés de la musique qu'elle fait entendre, ils ne lui demandent ni pensées ni sentiments : c'est comme nous à nos jolies femmes et à nos opéras comiques.

De là ce luxe de mots et cette misère d'idées qu'on remarque dans tous leurs discours; au lieu de ne mettre sur la pensée que le moins de mots qu'il est possible, ils se plaisent à l'en surcharger : aussi, quand on dépouille la plupart des phrases, il en sort à peine une idée.

Rien n'est plus facile que d'improviser en italien : dans une langue où chaque phrase peut être un vers, chaque mot peut être une rime, dans une langue qui a tant d'échos. On n'exige pas d'ailleurs d'un improvisateur qu'il pense, ni qu'il fasse penser. Une certaine mesure de lieux communs, des prétextes à des paroles : voilà tout ce qu'on en attend.

On improvise souvent en chantant, ce qui est d'un grand secours : pendant que la voix file les sons, les idées ont le temps d'arriver; d'ailleurs, le mouvement du chant les excite. L'ame et le corps se meuvent réciproquement, comme le cavalier et le cheval. Le moindre bruit autour d'un clavecin et d'un cerveau les fait résonner.

Quelques Italiens sentent l'inconvénient de la multitude des voyelles, dont leur langage est rempli.

J'ai fait observer à un poëte, qui vantait beaucoup ce luxe, que les bons écrivains italiens supprimaient la voyelle à la fin de beaucoup de mots, et multipliaient les consonnes ; et cela, pour faire des ombres, pour briser l'uniformité, pour *enrayer*, en quelque sorte, la phrase, que les voyelles précipitent.

Des Italiens qui étaient là, tous gens de lettres, en sont convenus : le poëte seul a tenu bon.

—Mais, me disait-il, si on vous donnait le choix d'écrire dans une langue composée de voyelles ou dans une langue composée de consonnes, ne choisiriez-vous pas la première ? — C'est comme si vous me demandiez si, pour peindre, je préférerais une palette uniquement chargée de couleur de suie, à une palette chargée uniquement de couleur de rose : je n'en préférerais aucune; j'aurais également besoin de l'une et de l'autre.

Corilla a prié M. Nardini, le plus fameux musicien d'Italie, de nous charmer avec son violon. Ce violon est une voix, ou en a une. Il a touché des fibres de mon oreille qui n'avaient jamais frémi. Avec quelle ténuité Nardini divise l'air! avec quelle adresse il exprime le son de toutes les cordes de son instrument! avec quel art, en un mot, il épure et travaille le son!

LETTRE XXX.

A Florence.

Voilà la quatrième fois que je viens de la voir, et je ne l'ai pas encore vue. —Il y a deux heures que je la regarde, et je ne puis me lasser de la regarder.— Je voudrais pouvoir la peindre, et je ne peux seulement pas la décrire. — Elle échappera toujours au pinceau, au ciseau et à la parole : il n'existe aucune langue au monde qui puisse modeler tant de charmes. — Vous voyez que c'est de la Vénus de Médicis que je parle [37].

Je suis assis devant elle, la plume à la main. Figurez-vous quelque chose de mille fois plus beau que tout ce que vous avez jamais vu de plus beau, de mille fois plus touchant que tout ce qui a pu vous toucher, de mille fois plus ravissant que tout ce qui a pu vous ravir : c'est là la Vénus de Médicis. Dans cette Vénus, en effet, tout est Vénus.

Tout ce que vous distinguez en elle, est une grâce.

Toute la surface de ce corps délicat est fleurie de jeunesse, et brille de divinité.

---

[37] Prix de la victoire, cette admirable statue fut transférée à Paris en 1803, et nous fut indignement ravie en 1815, ainsi que plusieurs autres chefs-d'œuvre de l'antiquité, qui faisaient l'ornement de nos musées, les études de la France et de l'Europe éclairée, et la consolation bien légitime de notre deuil comme de nos pertes.

Ne croyez pas que j'exagère : je ne parle point avec enthousiasme. Regardez vous-même cette tête ! chacun de ses traits ne respire-t-il pas la volupté, comme chaque feuille d'une rose exhale la rose ?

Dans quel dédale de beautés l'œil se perd et s'égare ! Il descend, ou plutôt il glisse de beauté en beauté, de grâce en grâce, de charme en charme, en suivant la ligne la plus fugitive, du sommet de ce front divin à l'extrémité de ce divin pied, sans pouvoir préférer rien, sans pouvoir jamais s'arrêter : il n'ose reposer sur ces doigts, tant ces doigts sont délicats ! il n'ose s'appuyer sur ce sein, il est si pur !

Vous dites : Quels sens pourraient ne pas s'enflammer devant la Vénus de Médicis ? — Ceux de tout homme vraiment sensible : elle touche, elle émeut, elle échauffe ; elle n'enflamme point : elle fait éclore dans le cœur cette délicieuse tendresse, pure encore de tout désir, dont le cœur est si doucement animé lorsqu'il s'entr'ouvre à l'amour.

— Mais Vénus, dit-on, est nue. — Vous ne voyez donc pas sa pudeur?

— Quelle pensée occupe Vénus? — Elle ne pense point : Vénus ne fait que sentir.

Que la molle inclinaison de ce corps me plaît! avec quelle grâce se dérobe ce pied timide sous le plus charmant genou! Vénus est sur la terre; mais Vénus n'y pose pas.

A force de contempler cette Vénus, je crois quelquefois que c'est elle : j'éprouve je ne sais quel embarras.

On a dit qu'il y a de la femme dans tout ce qu'on aime : on peut dire qu'il y a quelque chose de la Vénus de Médicis dans tout ce qui charme.

LETTRE XXXI.

A Florence.

Vous vous souvenez de Jacques II, de la famille infortunée des Stuarts, de ce prétendant, d'abord soutenu, ensuite abandonné par la France, que Rome avait accueilli, et que Rome a négligé ; destinée commune à tous les malheurs (car la pitié, cette passion pourtant divine, n'est pas plus fidèle que toutes les autres) : eh bien ! ce prétendant, c'est ce vieillard accablé d'années, d'infirmités, de disgrâces, et surtout du nom de Stuart, qu'on appelle aujourd'hui le comte de Saint-Georges, et qui finit à Florence, dans toutes les afflictions d'une vieillesse pénible, la destinée d'un homme dont le sang a régné jadis, et qui n'a pu l'oublier [38].

Il mourra, le regard attaché sur cette couronne, qu'il n'a jamais pu placer que sur son cachet et dans les panneaux de sa voiture.

Ce vieillard était depuis long-temps à Rome : il y avait une cour, une garde ; mais on lui refusait le nom de majesté. Un jour, il quitte Rome pour venir à Florence, où il n'a ni garde, ni cour, et où on ne lui donne pas le nom de majesté ; mais, en revanche, il a appelé auprès de lui toutes les vertus qui peuvent consoler un vieillard infirme, un père malheureux, et même un roi détrôné ; il a appelé sa fille, la duchesse..... S'il ne fallait que des

---

[38] Charles-Édouard-Casimir-Louis-Philippe-Sylvestre Stuart, dernier prétendant à la couronne d'Angleterre, né le 31 décembre 1720, fit en 1745 d'inutiles efforts pour remonter sur le trône, et mourut à Rome le 31 janvier 1798.

cœurs pour remonter sur le trône de ses pères, elle y remonterait avant peu : elle est la bonté même ; mais cette bonté, que la raison ne commande point, qui coule du cœur, qui a de la grâce, qui charme, qui se fait adorer, qui suppose tant de vertus, et qui n'en paraît pas une.

Puisse la duchesse.... être heureuse ! Puisse son père oublier que le nom de Stuart fut un nom de roi ! Puissent, en voyant sa fille, tous les hommes s'en ressouvenir !

La duchesse m'a montré les présents de Louis XIV à Jacques II, à son arrivée en France, lorsque le sort eut réduit ce roi à recevoir des présents, à la vérité, de Louis XIV.

Elle m'a montré la toilette d'or que la reine trouva, le soir de son arrivée, dans son appartement. — Les temps sont bien changés, m'a-t-elle dit : elle n'en a pas dit davantage. Je me trompe : elle a souri.

Ses soins pour son père sont touchants ! Quand ce vieillard se rappelle que son nom a régné, ses larmes alors ne sont pas seules : la duchesse pleure avec lui.

La duchesse a auprès d'elle une dame d'honneur, et le comte un écuyer : c'est un lord. Voilà toute leur cour, avec le respect qu'inspirent aux cœurs bien nés le malheur, la vieillesse et la vertu.

Je finirai ici ma lettre : je veux laisser dans mon ame cette douce tristesse.

LETTRE XXXII.

A Florence.

N'entrez jamais dans le cabinet de l'Hermaphrodite, si vous ne voulez pas rougir de plaisir et de honte tout à la fois ; je n'ose même pas dire qu'il est trop beau. Aimable pudeur, doublez votre voile dans ce cabinet trop célèbre.

Que ceux qui veulent voir le Mercure de bronze, par Jean de Bologne, se hâtent : le voilà déjà qui s'envole. Quelle légèreté ! L'artiste l'a ingénieusement suspendu sur un petit morceau de bronze qui imite, qui rend le souffle de Borée. Le dieu est vraiment en l'air ; cependant on ne craint rien pour lui : on sent qu'il monte.

Quelle suavité dans les formes ! Quelle finesse dans l'expression ! Je ne puis quitter ce Mercure que pour considérer Hercule enfant.

Loin, bien loin tous les autres artistes ; ils n'ont représenté que le présent : celui qui a fait Hercule enfant a représenté l'avenir. On pressent dans cet Hercule, qui n'a pas dix ans, l'Hercule qui en aura trente.

Je passe tous ces tableaux de l'école

flamande, toutes ces statues, tous ces bronzes : je laisse le peuple.

Quelle blessure profonde a causé la profonde douleur qui voile, sur ce buste, la physionomie d'Alexandre ! Tu as ravagé le monde, Alexandre ; mais le monde me paraît vengé.

Voici Brutus : il n'est encore qu'ébauché. Je lis au bas de son buste : « Si Michel-Ange n'a fait qu'ébaucher » ce buste, c'est qu'il lui est revenu » tout à coup en mémoire le crime que » Brutus avait commis, et le ciseau est » tombé de ses mains. » Quel est l'esclave qui a fait une telle inscription ? Léopold, ce n'est pas à toi à laisser outrager Brutus, car tu n'as pas à le craindre.

Quel dommage que ce buste ne soit qu'ébauché ! Mais cependant déjà quelle ame ! Que de Brutus déjà dans cette ébauche !

L'imagination de Michel-Ange était de niveau avec l'ame de Brutus.

*

Il ne faut point sortir de la galerie sans avoir assisté à la tragédie, en marbre, de Niobé.

Toute la famille de Niobé, au nombre de quatorze [39], est rassemblée dans une salle. Déjà un des fils a été percé d'un trait parti de la main d'Apollon. Il est là, au milieu de la salle, étendu, nageant dans son sang, mort : le reste, éperdu, ou fuit, ou se cache, ou demeure. Sur ce front est l'épouvante ; sur celui-ci, la menace; sur cet autre, déjà la mort ; et sur le visage de Niobé, toute l'ame d'une mère qui voit périr à la fois tous ses enfants. Quelle est belle et sublime de douleur, cette mère ! Elle tâche de cacher entre ses bras la plus jeune de ses filles : la plus jeune de ses filles est charmante ! et on ne voit cependant que ses épaules. On dirait que l'artiste a employé tout son art à

---

[39] Il y a là évidemment un mot oublié, soit *individus*, soit *personnages*.

les faire belles, afin d'attendrir Apollon.

C'est le grand-duc qui a rassemblé dans cette salle toutes ces statues. Peut-être aurait-on pu les réunir d'une manière plus pittoresque : elles ne devraient pas être rangées symétriquement en cercle ; elles devraient être séparées ; les unes, sur le haut d'un rocher ; d'autres, sur le penchant ; les autres, au bas : il faudrait qu'on les vît fuir [4].

Jetons maintenant un regard sur quelques-uns des tableaux. Je ne trouve pas les tableaux dignes des statues : la toile, dans cette galerie, est bien vaincue par le marbre.

Cependant il faut rendre justice à ce Joseph : les autres ne font que s'en aller ; celui-ci fuit : il triomphe ; car il résiste.

---

[4] La Niobé est l'ouvrage du sculpteur grec Scopas. Elle était à Rome, dans la Villa Médicis, avant que le grand-duc la fît, en 1771, transporter à Florence, où elle fut dix ans oubliée et méconnue.

Le combat de deux affections intéressantes, sur un beau visage, est un spectacle touchant !

Il y a de véritables larmes dans les yeux de ce saint François : elles vont couler.

Ce Pilate, qui renvoie Jésus, est d'une composition admirable. Il est sur son siége (c'est un vieux juge); il se lave les mains dans un bassin qu'on lui présente. Tout en se lavant les mains, il lève tant soit peu les yeux, et il s'en échappe obliquement un regard qui tombe à moitié sur Jésus, et qui dit : « Cet homme-là, je crois, n'est pas si » coupable : ma foi, qu'ils le fassent » mourir ; je m'en lave les mains. »

Le peintre aurait peut-être voulu que je m'écriasse : « Cette Madelaine me touche ! » alors il n'eût pas dû la faire jolie, mais belle. Cependant elle l'emporte sur toutes les autres Madelaines. Que de componction, en effet, sur ce doux visage ! Que ces belles larmes sont pénitentes ! Elle est à moitié assise dans l'ombre, contre un rocher, toute nue, voilée uniquement de ses cheveux et de sa douleur : cette chevelure est divine ; elle coule sur tout son corps.

LETTRE XXXIII.

A Florence.

Je voudrais pouvoir décrire le cabinet d'histoire naturelle, que, depuis dix ans, le grand-duc s'occupe d'enrichir, et M. Fontana d'arranger.

Cinquante chambres sont déjà pleines des trésors de cette collection. On en remplira cinquante autres.

Il est impossible de rendre l'élégance des appartements, l'ordre, la distribution ; non-seulement tout paraît, mais tout se montre, tout vous appelle.

Les armoires de ce cabinet représentent les cases de la mémoire de M. Fontana, remplies d'histoire naturelle.

Je ne pouvais me lasser de parcourir ces chambres, d'errer de règne en règne, de visiter tous ces différents empires de la nature, d'en examiner tous les trésors, de suivre la nature distribuant le mouvement dans tous les individus organisés, en donnant davantage à ceux-ci, en donnant un peu moins à d'autres : mouvement que tous ces individus lui rendent ensuite dans la proportion où ils l'ont reçu, plus vite ou plus lentement, sous toutes les formes possibles, en exécutant tous les jeux du brillant phénomène de la vie.

Mais ce qui a arrêté mes regards, c'est l'homme. Une cire savante, et peut-être plus durable que l'airain, en offre, dans ce cabinet, une image complète. Vous voyez toutes les pièces les plus secrètes de cette machine si compliquée, d'abord isolées, éparses, ensuite rassemblées, réunies, et toutes prêtes à remplir, dans le concert de l'économie générale du corps humain, à leur tour et à leur place, la partie qui les concerne ; toutes prêtes à vivre.

Ces détails remplissent une douzaine de chambres : il n'y a, pour ainsi dire, pas un point de cette copie de l'homme qui n'ait exigé le sacrifice d'un exemplaire entier de l'original; ce type, en cire, a consommé mille cadavres. Quel travail ! quelle patience ! mais aussi quel beau monument !

L'empereur en a été tellement satisfait qu'il en a commandé un pareil. Il faut trois ans pour le faire. J'y ai vu travailler.

Je regrette bien de n'avoir pu étudier ce type universel de l'homme. Quelques regards que j'ai jetés dans le système névrologique, y ont entrevu plusieurs secrets. La philosophie a eu tort de ne pas descendre plus avant dans l'homme physique; c'est-là que l'homme moral est caché. L'homme extérieur n'est que la saillie de l'homme intérieur.

Que ne puis-je laisser reposer ma pensée sur un si beau sujet !

Je voudrais encore qu'elle pût s'arrêter sur ces échantillons de tous les métaux, sur leurs destinées différentes, sur la fortune singulière du fer et de l'or.

Je voudrais étudier aussi ces êtres singuliers que l'on trouve dans l'ergot du bled, qui, réduits au dernier degré de dessiccation, offrant tous les signes apparents de la matière morte, cependant sont organisés, vivent, ou plutôt sont aptes à recevoir la vie.

M. Fontana a proposé de faire, devant moi, cette expérience ; il ne lui faut qu'une goutte d'eau. Il se donne bien de garde de la laisser tomber sur ces animaux-poussière ; elle les briserait en tombant : il approche, peu à peu, la goutte d'eau au bout d'une aiguille, et, peu à peu, le petit animal se pénètre de fraîcheur; tous les atomes qui le composent se rapprochent, se lient, font un tout; déjà le mouvement existe; il gagne, il s'avance, il circule, et l'animal a la vie [41].

Les conséquences qui résultent de cette expérience sont de la dernière importance : elles jettent un grand jour sur la vie et la mort de la matière.

M. Fontana n'ose point écrire sur ce sujet ; il craint d'être excommunié. Tout le pouvoir du grand-duc ne le sauverait pas des suites de l'excommu-

---

[41] Fontana rapporte, dans son excellent ouvrage sur le venin de la vipère, tom. I, pag. 62, qu'il est parvenu en deux heures à rendre la vie, par le moyen d'une goutte d'eau, à un rotifère desséché depuis deux ans, et qui était resté sans mouvement. Au sujet des effets de l'eau, on peut voir les Essais, en allemand, de M. Alexandre de Humboldt, sur l'irritabilité des fibres nerveuses et musculaires, tom. II, pag. 250.

nication, qui a encore beaucoup de pouvoir, même en Toscane.

Ce n'est pourtant pas que le système de M. Fontana attaque quelque dogme de la religion ; mais le mot seul RAISON fait peur à Rome.

Avant de sortir de ce beau cabinet d'histoire naturelle, je veux jeter un regard sur cette pierre singulière qui a été de l'eau. L'eau qui coule de cette fontaine, dans un vase, au bout d'une heure, est une pierre.

M. Fontana a ouvert des routes, ou nouvelles, ou plus sûres, dans le labyrinthe de la nature. Malheureusement ses grandes occupations, et surtout la proximité de Rome, l'empêchent d'écrire, le découragent quelquefois de penser.

M. Fontana a un esprit net, lumineux, méthodique ; point d'iris dans les verres à travers lesquels il regarde et étudie la nature : il ne voit jamais que ce qui est.

M. Fontana ne jouit d'aucune considération à Florence, et surtout parmi les nobles. C'est, de la part de la noblesse, mépris pour les philosophes : elle n'est pas assez éclairée pour les haïr.

LETTRE XXXIV.

A Florence.

Quelle masse ! quelle élévation ! quelle circonférence ! Est-ce une montagne de marbre qu'on a taillée ? C'est la cathédrale.

On entre, et, du premier regard, l'imagination touche au ciel ; mais, au second, elle tombe ; car ces colonnes gothiques sont trop faibles pour la soutenir.

Les Goths croyaient que le grand

était le beau, et que l'énorme était le grand.

Que nous avons d'écrits en prose et en vers dans le genre gothique !

La proportion ! Ce n'est pas la proportion seule qui fait le beau ; mais, sans elle, il n'y a point de beau.

On dit que la nature ne fait rien par sauts ; l'art doit imiter la nature.

On a bien suivi cette règle dans le Baptistère ou église de Saint-Jean, qu'on a construite à vingt pas de la cathédrale. Chaque face est portée sur deux superbes colonnes ; l'édifice entier s'élève et s'appuie sur seize : ce qui forme au centre un espace immense, où, du milieu de la voûte, une seule ouverture verse une lumière religieuse et solennelle, qui se répand dans le temple.

Ce beau temple est fermé par des portes d'airain, sculptées avec un art admirable, telles, que Michel-Ange disait qu'elles auraient dû ouvrir et fermer le ciel.

J'en demande pardon à Horace ; mais ses vers dureront moins que ces portes d'airain ; il sera impossible au temps de les dévorer ; plusieurs siècles déjà ont passé dessus, et n'y ont pas laissé la trace d'un jour.

LETTRE XXXV.

A Florence.

Il ne faut pas manquer de voir le *Poggio imperiale*.

C'est une maison de plaisance où le grand-duc passe quelquefois une partie de l'été.

Elle n'est pas magnifique à l'extérieur, les jardins n'en sont pas brillants ; mais elle est entourée de campagnes bien cultivées, véritables jardins d'un bon roi.

Quand le grand-duc est au *Poggio*,

il n'a pas une sentinelle à sa porte : il a l'air d'être chez son peuple.

Tous les dimanches, le peuple de la ville et de la campagne y accourt; il vient boire, chanter, rire sous les yeux de son souverain; il n'y vient pas, comme ailleurs, oublier seulement ses maux, mais mieux goûter son bonheur.

Le grand-duc se promène souvent au milieu de son peuple. Il anime la joie en la partageant; il ne dédaigne pas de goûter à ces plaisirs, qui ne sont pas rafinés, mais vrais, et, en partie, son ouvrage.

Le grand-duc a imaginé un moyen sûr, et bien simple, pour qu'on n'ait pas à se plaindre des gens en place : on peut s'en plaindre. Il a fait faire, dans les murs de ses palais, des ouvertures par où les plaintes les plus timides peuvent arriver jusqu'à lui. Ce sont des passages pratiqués pour la vérité.

Le grand-duc ne règne ni pour les nobles, ni pour les riches, ni pour les ministres, mais pour son peuple ; il est vraiment souverain.

LETTRE XXXVI.

A Florence.

J'ai été voir la bibliothèque impériale.

Elle n'est composée que de manuscrits. Rien de plus chimérique que le cas qu'on en fait ; car ils sont imprimés.

Qu'importe, en effet, qu'un manuscrit ait mille ans, s'il est devenu inutile ? Le grand-duc juge ainsi la noblesse.

Le respect pour l'antiquité, soit des monuments, soit des usages, soit des opinions, soit des hommes, en un mot, pour l'antiquité, est une maladie de l'esprit humain.

On m'a montré, avec beaucoup d'appareil, un manuscrit du code de Justinien, qu'on prétend, non pas le premier, mais le plus ancien. Pour savoir à quoi m'en tenir sur cette prétention, il ne m'aurait fallu lire que deux petites dissertations à l'italienne, en un gros volume in-folio : j'étais, malheureusement, un peu pressé.

Le bâtiment de la bibliothèque est très beau. Il était digne des manuscrits, quand ils n'étaient pas imprimés. Michel-Ange, qui en est l'architecte, est mort avant de le finir. Il ne sera jamais fini. Qui oserait achever un monument commencé par Michel-Ange, ou un poëme commencé par Virgile ?

Florence est le berceau de Michel-Ange. Il y a passé une partie de sa vie. La main patriotique de Michel-Ange a touché la moitié de ces palais, de ces temples, de ces monuments : elle est imprimée partout. Celle du temps n'a pu l'effacer.

J'ai été frappé d'un respect presque religieux, en entrant dans la maison de ce grand homme : j'allais dire dans son sanctuaire. Les plus fameux peintres se sont plu à la consacrer des plus belles actions de sa vie ; car il mérita ses talents. Malheureusement pour leurs tableaux, le souvenir de ceux de Michel-Ange en est tout près.

LETTRE XXXVII.

A Florence.

Le palais Corsini est d'une grande magnificence.

Il est très riche en tableaux. En voici trois :

Le premier, c'est la Poésie. Elle est

couronnée de lauriers : on dirait que c'est celle de Virgile, tant elle est noble, simple, belle; tant elle ressemble à Didon. Elle est née du cœur tendre, de l'imagination délicate et du patient pinceau du Dolce.

A côté de ce tableau on voit un saint Sébastien : il est aussi du Dolce.

On court pour arracher les flèches.

Le troisième est d'un genre et d'un pinceau bien différents : il est de l'Albane. Vous croyez déjà voir les Amours et les Grâces; vous ne vous trompez point. Les Amours et les Grâces ne quittaient jamais l'Albane.

Il a conduit, vers le soir, les Amours dans un vallon, sur le bord d'un ruisseau, parmi les gazons et les fleurs; ils rient, ils chantent, ils dansent à l'envi, au son de la flûte; c'est le vieux Silène qui leur joue de la flûte. Un des Amours est resté couché sur le gazon, et regarde; les autres lui font signe de venir : il ne veut pas.

Cette scène n'est-elle pas charmante ? Les Amours sont jolis comme des Amours. Le vieux Silène contraste à merveille. Comme il est grave !

J'ai passé une heure avec les Amours et Silène, dans cette prairie.

LETTRE XXXVIII.

A Florence.

Comment expliquer ce phénomène politique ? En Toscane, de la noblesse, point de troupes, et un despote.

Le peuple, en Toscane, est heureux.

Les souverains ont un moyen sûr de soumettre l'aristocratie dans leurs états ; c'est d'armer contre elle le peuple : un moyen sûr d'armer contre elle le peuple, c'est de faire qu'il soit heureux.

Vainement les grands frémissent, quand le peuple ne gémit pas : vainement les grands remuent, quand le peuple reste tranquille. Les princes veulent être absolus; les nobles veulent être indépendants; le peuple veut être heureux.

Il n'y a que la misère ou le fanatisme qui puissent soulever le peuple. Le bonheur du peuple de Rome explique les jours de Néron.

Mais comment le grand-duc a-t-il rendu ses sujets heureux? Avec du pain, des spectacles et de la justice : en établissant des manufactures, où le peuple emploie le temps; des théâtres où il l'oublie; des hôpitaux où il trouve la santé; des tribunaux qui paraissent justes.

Armé du bonheur public, le grand-duc a attaqué tous les priviléges de la noblesse : il les a vaincus. Il a détruit les dernières racines de la démocratie, en supprimant les confréries; les dernières racines de l'aristocratie, en laissant mourir l'ordre des sénateurs.

Il n'y a plus qu'une classe de sujets en Toscane, et un seul maître.

Le grand-duc est contraint de bien gouverner, il ne peut pas faire une seule faute, car, ayant réuni en sa main tout le pouvoir politique, la république est toute prête : il ne manque plus au peuple de Toscane, pour être libre, qu'un tyran; il a déjà un despote.

Il est de la nature de la force politique de tendre alternativement à se réunir sur la tête d'un seul, et à se diviser dans les mains de plusieurs. L'histoire entière n'est que ce phénomène.

Cependant le grand-duc ne se borne pas à opposer à l'aristoratie le bonheur du peuple : il la surveille.

Il voit passer, pour ainsi dire, une pensée mécontente au fond de l'ame, et l'arrête tout court par un seul mot. On lui reproche d'avoir des espions; il répond : « Je n'ai pas de troupes. »

Au reste, la noblesse, en Toscane, n'est pas remuante. L'oisiveté des nobles, principe de toute inquiétude séditieuse, y est occupée par l'opéra, la dévotion et le cicisbéisme.

Cependant, s'ils ont perdu toutes leurs espérances, ils ont pu conserver quelques souvenirs : il reste, parmi eux, des noms qui ont régné, ou qui ont été libres, ou qui ont conspiré jadis. Ces noms-là sont toujours à craindre. Comment enflammait-on Brutus? on l'appelait par son nom : « *Brutus, tu dors !* »

LETTRE XXXIX.

A Florence.

Je viens de voir un tableau du Corrège. Il passe tous les tableaux du Corrège. Il est vrai que c'est le portrait de son maître, de l'Amour.

C'est l'Amour, non plus avec son enfance et son innocence, mais avec sa jeunesse et ses grâces. Il ne touche pas, mais il charme. Il n'a pas, je crois, seize ans; vous vous doutez bien qu'il en a plus de quatorze.

Le dos tourné (il est nu, et c'est l'Amour), le pied appuyé sur un tas de livres, qui ne sont sûrement pas des poëtes, il tend un arc et regarde; cependant entre ses jambes sont deux petits enfants : ce sont les siens; ils s'embrassent; l'un d'eux rit, l'autre pleure, l'Amour sourit. Allégorie délicieuse!

Quelle heureuse idée, tendre Corrège, t'est venue au bout de ton pinceau! car « c'est au bout de ton pin- » ceau, disais-tu, que tes idées te » venaient! » Ton pinceau prenait, pour ainsi dire, du sentiment dans ton cœur, comme il prenait de la couleur dans la nature.

Adieu, charmant Amour, fils de Vénus et du Corrège!

LETTRE XL.

A Florence.

Je sors du palais Pitti. C'est la demeure du grand-duc [42].

Quelle masse ! Quelle élévation ! Quelle étendue de bâtiments ! Cependant cette élévation, cette étendue et cette masse ne peuvent intéresser qu'un regard. Le regard glisse sur cette prodigieuse surface sans rencontrer un seul ornement, sans trouver un seul point d'appui : le palais entier ne paraît qu'une pierre.

[42] Ce palais tire son nom de son premier propriétaire, qui le fit construire dans le quinzième siècle, et, n'ayant pas été assez riche pour le terminer, le vendit aux Médicis. Alberti, gentilhomme toscan, en fut l'architecte.

Sans doute il faut que, dans tout ouvrage des arts, l'idée principale brille; mais il faut, du moins, que les idées accessoires paraissent.

Quoi qu'il en soit, l'imagination errante dans l'immensité du palais Pitti se sent partout dans l'habitation des rois.

On y voit tant de tableaux, qu'on n'y a vu qu'un seul tableau. Il faudrait un mois pour les démêler et les apprendre : on les parcourt en une heure.

Quelle terrible et sublime composition que la mort du riche et celle du pauvre, représentées à côté l'une de l'autre, dans le salon des Quatre Fins de l'homme.

Au milieu d'un appartement superbe, sur un lit éclatant d'or, entouré de prêtres qui prient, de médecins qui méditent, de serviteurs qui s'empressent, d'enfants qui sanglottent, d'une femme qui se désespère; parmi le trouble, la consternation et les larmes, un homme exhale, sur la soie et la pourpre, le dernier soupir de la vie : c'est là le riche ; tandis que, dans le coin d'une masure, dans l'ombre, sur un grabat, sur la paille, sous des haillons mêlés avec la paille, quelque chose de livide, de sanglant, d'informe, pend jusqu'à terre en lambeaux, à moitié rongé par des chiens qui l'abandonnent et s'enfuient : c'est là le pauvre.

Quelle distance la société a jetée entre le pauvre et le riche ! Et si le pauvre a l'audace de vouloir la franchir, de vouloir se rapprocher du riche, toute la foule des lois est là, qui le repousse dans la misère, ou le précipite à la mort.

La mort seule est juste envers le riche et le pauvre ; elle les confond sous sa faux : la mort ne connaît qu'une espèce humaine.

Je réfléchissais sur la société, sur ce qu'on appelle la justice, qui n'est plus aujourd'hui, en grande partie, qu'une injustice consacrée : mon imagination avait passé en revue tous les maux de la civilisation; elle entrait dans les forêts du Canada pour interroger, sur le bonheur, la vie sauvage. Dans ce moment, je me suis trouvé dans les beaux jardins du palais Pitti, au milieu des premières fleurs du printemps, des premières haleines du zéphir, sur des gazons qui naissaient, à l'heure où la voix du rossignol, plus tendre et plus amoureuse, exhale ses derniers accents. Le beau soir! Il semblait que le jour quittait à regret la nature. Je ne puis vous exprimer avec quel plaisir j'abandonnai mon ame, obsédée par tant d'images funestes, à tous les charmes de la saison et du lieu. Je me mis à respirer le printemps, la nature et la vie : la vie, que je voyais éclore partout avec l'amour, à toutes les branches des arbres, à toutes les feuilles des arbustes, à toutes les herbes des gazons, dans tous les accents des oiseaux. Oh ! que les beautés de la nature sont supérieures aux beautés de l'art !

LETTRE XLI.

A Florence.

Il y avait, il y a quelques années, quatre académies à Florence. Elles ne faisaient rien : c'était quatre académies.

Le grand-duc les a réunies en une seule, sous le nom d'académie florentine ; mais il a eu beau créer deux cents places, il aurait fallu créer, en même temps, deux cents talents.

La constitution de l'académie n'est pas propre à les faire naître, encore moins à les faire produire ; elle est, en effet, monarchique ; elle a un président perpétuel nommé par le prince, deux secrétaires nommés par le prince, deux censeurs nommés par le prince. Il n'y a que la démocratie qui puisse convenir à une académie, parce que la liberté seule peut être favorable aux talents.

Celle-ci a deux séances par semaine : elles sont publiques. Les membres ouvrent, tour à tour, la séance par un discours à leur choix. Le secrétaire invite ensuite à lire les autres académiciens, et même les étrangers.

J'ai assisté à une de ses séances : elle commença par un recueil de lieux communs sur la vie et les ouvrages de Galilée. Il fut psalmodié d'un bout à l'autre.

Cette psalmodie des Italiens est bien odieuse. Quelle monotonie insupportable ! Ces débris de la langue chantée dans la langue parlée font un effet malheureux. Les Italiens et les partisans de leur langage ignorent, sans doute, que c'est à l'ame seule, suivant les sentiments qu'elle veut exprimer, à moduler la parole, à la noter. Toutes ces inflexions artificielles repoussent celles de la nature, empêchent surtout de les reconnaître : elles ne leur laissent aucune place : la parole alors ne naît que sur les lèvres, et ne part plus que de là.

Après les lieux communs sur Galilée, un petit jeune homme profita de l'invitation du secrétaire pour psalmodier un sonnet sur l'ame.

C'était un juif : voilà la seule chose remarquable dans son sonnet.

Ensuite une improvisatrice se leva, et chanta des vers sur la mort d'une de ses amies. On riait.

La séance fut terminée par le comte ***, qui, très modestement, lut une idylle qu'il avait fait imprimer. Il n'eut pas tant de tort, car l'idylle parut nouvelle.

Il ne se borna pas à lire son idylle, il la joua : que de mines pour une bergère !

Les académiciens n'ont aucune place marquée dans l'assemblée, excepté le président, les secrétaires et les censeurs; ce qui fait peut-être qu'ils n'en ont pas non plus dans les lettres.

Tout ce qui pense, dans cette académie, a honte et gémit.

Le grand-duc voudrait qu'elle continuât le dictionnaire de la langue italienne, commencé par l'académie de la Crusca [43]. Elle s'y refuse; elle a raison. Il est téméraire de chercher à fixer une langue quand elle n'est pas encore formée, peut-être même quand elle est formée.

La formation d'une langue est l'œuvre des grands écrivains; l'Italie en compte trop peu : plus de la moitié de l'esprit et du cœur humain n'a pas encore passé sous la plume des Ita-

---

[43] La plupart des académies d'Italie ont des dénominations bizarres. La plus célèbre est celle de *la Crusca*, et ce mot signifie le son du blé.

liens, et par conséquent dans leur langue.

C'est un dictum vide de sens, que celui qui fixe à Sienne la patrie du bon langage italien.

Cette langue n'a point encore de patrie, de domicile; elle est errante : elle mendie encore de tous les côtés, surtout en France.

Les divers langages des grands écrivains sont autant de domaines différents que la langue générale réunit à sa couronne, et qui composent son empire.

Il existe, en Italie, une langue de l'Arioste, une langue du Tasse, une langue de Boccace, une langue de Machiavel; mais il n'existe pas encore, en Italie, de langue italienne.

Le comte Alfieri, dans des tragédies admirables, où respire souvent le génie de Sophocle, a tenté récemment de ressusciter le langage italien du siècle de Léon X; mais cette tentative n'a réussi ni à Naples, ni à Rome [44]. On ne peut plus souffrir, dans ces deux villes, que de l'italien francisé, c'est-à-dire dégénéré.

Les Italiens conviennent qu'en général ils ne savent pas faire un livre : qu'on ne sait en faire qu'en France. Aussi ne lisent-ils, par choix, que nos écrits ; mais la moitié de nos écrits leur échappe : tout ce qui est grâce, tout ce qui est finesse, tout ce qui est délicat ; en un mot, tout ce qui échappe.

LETTRE XLII.

A Florence.

J'AI été voir l'académie des arts, que le grand-duc a remise en vigueur.

---

[44] Toutefois, ses belles et simples conceptions dramatiques ont fini par obtenir le grand succès qu'elles méritent.

J'ai visité la salle du dessin, celle du nu, celle des plâtres, celle du burin, celle du pinceau.

La salle des plâtres est immense : sur deux lignes parallèles, sont rangés tous les plâtres des plus belles statues que possède aujourd'hui l'Italie.

C'est au milieu des plus belles formes humaines, écloses dans les plus heureux climats, choisies par le goût le plus pur, exprimées par le ciseau du génie, qu'on voit incessamment errantes les imaginations de cent jeunes artistes, qui essaient à l'envi, ou de les comprendre, ou de les sentir, ou de les imiter.

Le grand-duc leur fournit tout, excepté le génie, que la nature seule peut fournir.

J'ai été indigné dans l'école de la peinture.

En Italie, à Florence, le maître faisait copier un de ses tableaux !

On recommence à Florence, comme

dans le reste de l'Italie, tous les beaux arts : on y fait des ébauches devant des chefs-d'œuvre.

C'est un peu la faute du grand-duc : le grand-duc appelle les arts, et il a banni le luxe.

Il veut de l'architecture, et plus de palais ; des mœurs, et des statues !

Les arts ne produisent, comme la nature, qu'autant qu'on consomme leurs productions.

Léopold, on ne peut réunir Athènes et Sparte : on ne peut être Lycurgue et Périclès tout à la fois.

LETTRE XLIII.

A Florence.

Le palais Riccardi mérite d'être vu il fut la demeure du premier Médicis.

C'est dans ce palais que mourut la

liberté de Florence, et que les beaux-arts naquirent. Le tombeau de la liberté est le berceau des beaux-arts.

La galerie du palais de Riccardi est admirable. Le pinceau du Giordano, aussi fécond et brillant que celui d'Ovide, conseillé par les plus belles imaginations de son siècle, par des philosophes et des poëtes, en a peint et peuplé la voûte. Il en a fait un poëme : le sujet, c'est le destin de l'homme.

On voit d'abord la naissance de l'homme. Le Destin, le Temps, les Parques et la Nature sont dans l'attente; le Destin fait signe au Temps, le Temps fait signe aux Parques : à l'instant leur fuseau tourne; et, dans les bras de la Nature, on aperçoit un enfant. Prométhée s'approche de cet enfant, et secoue sur lui son flambeau : cette étincelle est la vie. Déjà l'enfant rampe aux pieds de la Nature; il se lève, il marche, il veut la quitter. En

vain la Nature tâche de le retenir; en vain elle pleure : il est bien loin; bientôt il s'est égaré. Après que ce jeune homme a erré quelque temps, deux chemins s'ouvrent devant lui : l'un est hérissé de cailloux, et d'épines; il est partout escarpé : l'autre, au contraire, est uni; il est tapissé de fleurs. Au bord de chacun de ces deux chemins, on aperçoit une troupe d'hommes et de femmes. Les hommes et les femmes de la première troupe ont un air doux, mais grave; point de fard, nul ornement, nulle parure; seulement quelques feuilles de laurier dans leurs cheveux. Cette troupe est restée au bord du chemin : c'est de là que, sans chercher à séduire le voyageur, elle lui parle, et lui dit simplement : « Jeune
» homme, voici le chemin du bon-
» heur. » Ce sont les Talents et les Vertus. — La troupe qui borde le chemin uni, beaucoup plus nombreuse que l'autre, offre les figures les plus pi-

quantes; leur contenance est animée; elles rient, elles chantent, elles folâtrent. Quel luxe dans leurs vêtements! Elles ont des fleurs dans leurs cheveux, des fleurs sur leurs fronts, des fleurs encore à la main. A la manière dont elles sourient, vous les prendriez pour les Amours et les Grâces; cependant, en les regardant par derrière, un léger ruban, qui serre leurs têtes, décèle que ces charmants visages ne sont que des masques; et quelques ouvertures dans ces masques laissent entrevoir des figures hideuses. Cette troupe s'est empressée au-devant du voyageur; elle lui sourit, le caresse, le flatte, le prend par la main : « Charmant étran- » ger, lui dit-elle, voici le chemin du » plaisir; suivez-nous donc. » Il les suit..... l'infortuné suit les vices.

Ingénieuse allégorie! Jamais la vérité n'a mis sur son visage de voile ni plus brillant, ni plus diaphane.

Que n'ai-je le pinceau du Giordano!

Que n'ai-je le talent qu'avait ce peintre, d'imprimer, en un moment, son imagination sur la toile !

LETTRE XLIV.

A Rome.

Que la route de Florence à Rome est différente de celle de Livourne à Florence !

Après qu'on a quitté Livourne, d'où autrefois la Toscane embrassait, avec les bras du commerce, tout l'univers, vous suivez un chemin magnifique, à travers des champs, des bois, des vallons, et vous arrivez à Pise, où l'Arno vous attendait.

On coupe ensuite, avec l'Arno, une vaste plaine, parmi les cultures les plus riches, sous une température modérée qui ne connaît ni les rigueurs de l'hiver, ni les ardeurs de l'été.

J'étais ravi de rencontrer, à chaque pas, dans des champs émaillés de fleurs, des femmes belles de santé, de bonheur et d'innocence. Répandues ainsi dans les champs, elles semblaient plutôt y célébrer des jeux et des fêtes, que s'occuper des travaux rustiques; elles me rappelaient ces nymphes charmantes dont la fable et les poëtes avaient peuplé les campagnes.

Mais laissons dans leurs belles campagnes ces belles femmes, que tous les peintres devraient venir chercher, et que tous les voyageurs doivent fuir. Entrons avec l'Arno dans Florence.

Quelle situation que celle de Florence! La plaine, au milieu de laquelle elle est assise, est couverte d'arbres de toutes espèces, et surtout d'arbres fruitiers. Dans le printemps, Florence est au milieu d'un bouquet de fleurs, et mérite de porter son nom.

Mais, à mesure qu'on s'en éloigne, le terrain devient inégal, la culture monotone, la terre stérile, les hommes rares, les femmes laides, les troupeaux maigres ; toute la nation enfin dégénère.

En avançant dans la Toscane, j'ai trouvé Sienne, qui n'a rien de remarquable que le groupe des trois Grâces, placé au milieu de la sacristie de la cathédrale, entre un Christ qui meurt et un Christ qui ressuscite.

C'est à leurs pieds que le prêtre se prépare à la messe : elles sont toutes nues.

En sortant de Sienne, la terre est toute bouleversée. Plus de culture, plus de troupeaux, plus d'habitations, plus d'hommes. Là semblent finir la nature et Léopold.

Parvenu, après trois heures de marche, de monts en monts, de rochers en rochers, au sommet escarpé de *Radicofani*, je trouvai le chaos, le désert, le silence; il était nuit : mais le lendemain, en descendant à *Ronciglione*, je trouvai l'aurore, le chant du rossignol, la première branche d'aubépine, des vallons couverts de verdure, le célèbre lac de Trasimène [45], et Viterbe tout en fleurs. Tout à coup, par un contraste nouveau, comme si on traversait les lieux habités par Armide, sous le plus beau ciel, rien ne se meut, rien ne vit, rien ne végète, et dans le lointain on voit Rome : le moment d'après, on ne voit plus rien.

Dans ces chemins où jadis, de tous les coins de l'univers, les rois et les nations accouraient, où roulaient les

---

[45] Il y a là une erreur évidente. Le lac dont parle Du Paty ne saurait être le Trasimène, qui est éloigné de la route qu'il suivait de plus de cinq myriamètres (dix à douze lieues) de terrains couverts de montagnes et de chaînes fort élevées. Il a vraisemblablement voulu dire le lac de Bolsène, qu'il avait à sa droite en se rendant de *Radicofani* à Viterbe.

chars de triomphe, qu'inondaient les armées romaines, où le voyageur rencontrait César, Cicéron, Auguste, je ne rencontrai que des pélerins et des mendiants.

Enfin, à force de percer le désert, la solitude et le silence, je me trouve au milieu de quelques maisons ; je ne pus m'empêcher de verser des larmes : j'étais dans Rome.

Quoi ! c'est là Rome ! quoi ! Rome ! qu'on pressentait autrefois des extrémités de l'Asie, c'est aujourd'hui le désert, c'est le tombeau de Néron qui l'annoncent.

Non, cette ville, ce n'est pas Rome, c'est son cadavre : cette campagne, où elle gît, est son tombeau ; et cette populace, qui fourmille au milieu d'elle, des vers qui la dévorent [a].

[a] Voyez, dans les Appendices de ce volume, les nos XII et XIII.

LETTRE LXV.

A Rome.

Je suis arrivé, hier soir, fort tard.

Je n'ai pu fermer l'œil de la nuit. Toute la nuit, cette idée allait dans mon ame : « Tu es à Rome ! » Les siècles, les empereurs, les nations, tout ce que ce vaste mot de Rome contient de grand, d'imposant, d'intéressant, d'effrayant, en sortait successivement, ou à la fois, et environnait mon ame.

Il me tardait que les premiers rayons du jour montrassent à mes yeux cette ancienne capitale de l'univers.

Enfin, je vois Rome.

Je vois ce théâtre où la nature humaine a été tout ce qu'elle pourra être.

Pl. 4. Fol. 44. Tombeau de Cyrus.

a fait tout ce qu'elle pourra faire, a déployé toutes les vertus, a étalé tous les vices, a enfanté les héros les plus sublimes et les monstres les plus exécrables, s'est élevée jusqu'à Brutus, a descendu jusqu'à Néron, est remontée jusqu'à Marc-Aurèle.

Cet air que je respire à présent, c'est cet air que Cicéron a frappé de tant de mots éloquents ; les Césars, de tant de mots puissants et terribles ; les papes, de tant de mots enchantés.

Sur cette terre a donc coulé tant de sang ! Dans ces murs ont donc coulé tant de larmes ! Horace et Virgile ont récité ici leurs beaux vers !

Allons. Mais, où aller ? Je suis au milieu de Rome, comme au milieu de l'Océan. Trois Rome, comme trois parties du monde, se présentent en même temps à mes regards : la Rome d'Auguste, la Rome de Léon X, et la Rome du pape actuel.

Laquelle visiterai-je d'abord ? Elles

m'appellent toutes à la fois. Où est le Capitole ? Où est le musée de Clément XIV ? Qu'on me mène à l'Arc de Titus. Que l'on m'arrête au Panthéon. Montrez-moi Sainte-Marie-Majeure. Je veux voir le tableau de la Transfiguration, de Raphaël. Je ne vois pas l'Apollon du Belvédère ! Comment choisir à Rome ? peut-on y arrêter ses regards !

Il faut que je commence par errer de côté et d'autre, pour user cette première impatience de voir, qui m'empêcherait toujours de regarder.

Je suis donc à Rome ! Je suis donc dans cette ville que tout l'univers regarde !

Il n'y a point ici une pierre qui ne recèle une connaissance précieuse ; qui ne puisse servir à bâtir l'histoire de Rome et des arts : sachez les interroger, car elles parlent.

LETTRE XLVI.

A Rome.

J'ai consacré la soirée d'hier à chercher dans Rome moderne les débris les plus intéressants de Rome antique; ceux que la faux du temps, ou la hache de la barbarie, ou le flambeau du fanatisme ont ménagés : car ils n'en ont respecté aucun.

Qu'il reste peu de parties intactes de cette cité prodigieuse!

Le Panthéon et le Colysée en sont les deux principaux restes, mutilés toutefois, et dégradés; mais, dans cet état même, conservant quelque chose de si vivant et de si romain, que la renommée de Rome n'étonne plus, et que Rome étonne encore.

J'ai dirigé d'abord mes pas vers le Panthéon, consacré par Agrippa à Tous les Dieux ; et depuis, par je ne sais plus quel pape, à tous les saints [46].

C'est cette dédicace qui a préservé le Panthéon du sac général, que la plupart des autres temples ont subi.

Il a été dépouillé de tout ce qui le faisait riche ; mais on lui a laissé tout ce qui le faisait grand : il a perdu ses marbres, son porphyre, son albâtre, ses bronzes ; mais il a gardé sa voûte, son péristyle et ses colonnes [47].

---

[46] Boniface IV. Ce fut aussi par un pape, Urbain VIII, qu'il fut dépouillé de plusieurs de ses ornements, entre autres de la voûte de bronze, dont on fit le baldaquin de Saint-Pierre, et des canons. Ce dernier pape s'appelait Maffeo Barberino ; et c'est à propos de son nom et de ses actes de véritable barbarie, qu'on fit dire à Pasquin :

Quod non fecerunt Barbari, fecerunt Barbarini.

[47] Elles sont au nombre de seize ; leur hauteur est de 37 pieds.

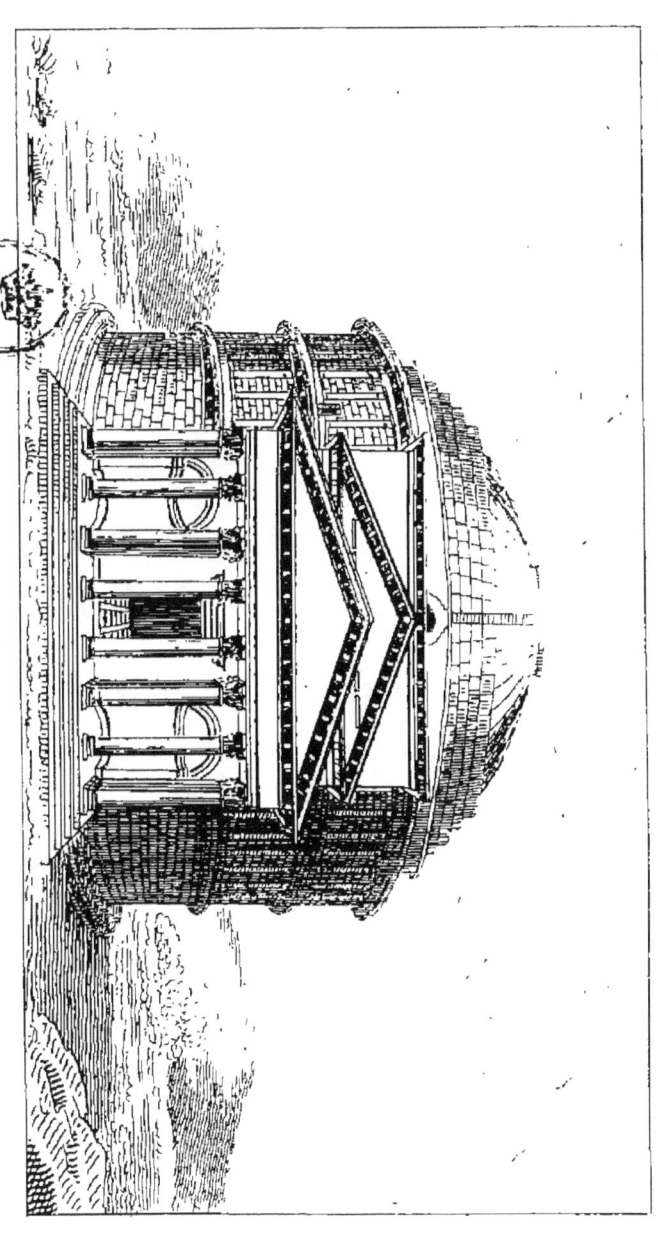

Quel magnifique péristyle ! Votre regard est d'abord arrêté par huit colonnes corinthiennes, sur lesquelles repose le fronton de ce monument immortel.

Ces colonnes sont belles de l'harmonie des proportions les plus parfaites, du travail le plus exquis, et de la durée de vingt siècles, dont elles sont revêtues et ornées.

L'œil ne peut se lasser de monter avec elles dans les airs, et d'en descendre avec elles.

Elles offrent je ne sais quoi d'animé, qui fait illusion : une taille élégante, une stature noble, et une tête majestueuse, autour de laquelle l'acanthe s'est plu à déployer en couronne ses feuilles, si superbes et si souples tout à la fois : et cette couronne, comme celle des rois, sert tout ensemble à parer la tête auguste où elle brille, et à déguiser le fardeau immense qui pèse sur elle.

*

Que l'architecture, quand elle crée de pareils monuments, mérite bien une place parmi les beaux-arts !

C'est comme un harmonieux concert que l'architecture donne à l'œil.

La pureté des formes est pour l'œil, ce que la pureté des sons est pour l'oreille.

Quelle idée simple et grande tout à la fois, que ce fronton et ces huit colonnes ! On la saisit et on la retient comme un beau vers de Corneille.

Ce n'était point par le fracas d'une multitude d'impressions différentes et isolées, que les Grecs cherchaient à intéresser, à émouvoir, à satisfaire la sensibilité ; ils n'en employaient qu'une seule : mais ils la choisissaient grande, ils la répétaient plusieurs fois, et la modifiaient par toutes les nuances fugitives de gradation et de dégradation insensibles dont elle était susceptible.

Par-là ils satisfaisaient deux caprices singuliers de la sensibilité, qui, paresseuse et avide tout à la fois, veut tout à la fois garder la même sensation, et recevoir une autre émotion.

On retrouve chez les Grecs, dans leur architecture, dans leur sculpture, dans leur peinture, dans leur musique, dans leur éloquence, dans leur poésie, et même dans l'habillement et la parure de leurs femmes, ce système de beau idéal réalisé constamment.

Il n'existe, en effet, qu'une espèce de beau idéal, non plus qu'une poétique et qu'une logique pour composer ce beau, soit avec des sons, soit avec des couleurs, soit avec des formes, soit enfin avec ces combinaisons, si compliquées et si étonnantes, de formes, de couleurs et de sons, qu'on appelle des sentiments et des idées.

Les Grecs furent heureux d'avoir rencontré dès le principe ce beau idéal, cette poétique et cette logique de tous les beaux-arts : ils n'ont presque fait que des chefs-d'œuvre.

Les modernes n'ont pas eu cet avantage : aussi, presque toutes les fois qu'ils ont quitté, dans les beaux-arts, les traces des Grecs, n'ont-ils jamais fait trois pas de suite, sans tomber ou sans s'égarer.

C'est ce qui est arrivé aux Bernin et aux Borromini, qui, à côté des monuments du meilleur goût, en ont élevé d'autres d'un goût si dépravé et si ridicule.

Au reste, comparez avec les artistes grecs la plupart des artistes modernes.

Les artistes grecs étaient tous plus ou moins initiés dans la philosophie, la poésie et l'éloquence : c'était le génie qui leur mettait à la main le ciseau, ou le pinceau, ou la plume ; et non pas la nécessité.

Ils choisissaient, parmi ces différents instruments, celui qui allait le mieux à leur génie et à leur talent. Souvent ils les employaient tour à tour. Les beaux-arts n'étaient, pour eux, que les différents dialectes d'une même langue, de la langue sacrée du beau. Ils savaient exprimer le beau, même avec du bronze, comme Gessner et Haller l'ont su faire avec l'allemand.

Je jette ici, pêle-mêle, toutes les idées que m'a suggérées, hier, la méditation du Panthéon.

En considérant avec quelle économie et quelle sagesse ce monument est orné, j'ai vu que les Grecs pensaient, et avec raison, que les ornements mêmes ne sont pas dispensés d'être utiles; qu'on ne doit décorer que la surface et que les extrémités des parties nécessaires; que le fond, en un mot, de tout ornement doit être de l'utilité.

C'est, au reste, la source d'un plaisir très piquant; on est étonné qu'une chose si nécessaire soit, en même temps, si agréable.

Je ne peux me lasser de contempler, dans mon imagination, ce beau péristyle. Toutes ces pierres étaient en bloc dans des carrières : on les coupe, on le tire, on les jette là, on les taille, et je les foule en passant ; mais le génie vient ; il prend ces pierres, il les place, il les dispose ; les voilà enfin dans les airs ; et mon œil, alors, ainsi que mon ame, s'arrêtent devant elles, saisis d'une émotion, d'un respect, d'un plaisir qui les étonne et les charme.

C'est ainsi que fait la musique, de tous les sons et de tous les accents isolés de la voix humaine, pour en composer ces airs admirables que le cœur chante avec la voix, et chante encore après elle.

Je ne regrette point les marbres qui revêtissaient autrefois le Panthéon [48].

Cette sombre couleur du temps, dont aujourd'hui il est teint, vaut bien l'é-

---

[48] Le Panthéon fut pillé plusieurs fois. Vers 600, Boniface IV, en 663, Constantin, et depuis, Urbain VIII, lui enlevèrent ses statues, ses ornements et ses bronzes.

Pl. 6. Fig. 10.

Le Panthéon.

clatante couleur du marbre, dont il brillait autrefois.

Il faut pardonner au temps, qui enlève insensiblement à ces colonnes quelque chose de leur surface : il met des années à la place. C'est une grande magnificence que la durée !

Mais il ne faut point pardonner au Bernin, qui a placé ces deux clochers entre le péristyle et la rotonde.

La porte de la rotonde est bien la porte d'un temple ! C'est bien celle du Panthéon. C'est bien la porte par laquelle devaient s'écouler sans cesse les flots des nations, que toutes les superstitions de l'univers continuellement poussaient là.

A mesure que j'avance vers le temple, mon imagination pressent, de plus en plus, tous les dieux. Mais j'entre.... Les dieux n'y sont plus.... Le Panthéon est désert !

C'est ici que la cause universelle était représentée tout entière dans la collection de ses différentes influences, allégorisées, personnifiées, et nommées dieux.

Le voile allégorique qui les couvrait était si fin, le temps et l'habitude l'avaient tellement appliqué sur les corps, que l'œil humain, à la longue, ne put le distinguer de ces corps.

Ces influences d'une seule cause ont été bientôt des êtres réels; puis ces êtres, des dieux; puis ces dieux, des hommes; puis ces hommes, des monstres; enfin, au grand jour de la philosophie, ces monstres ont été des fantômes.

Quel changement dans ce lieu! Où l'on adorait Vénus, on adore aujourd'hui la Vierge; un dieu sur une croix a pris la place d'un dieu la foudre à la main.

Le dessin du Panthéon est simple et grand. Sa forme circulaire est heureuse. Une vaste coupole voûte majestueusement son enceinte. Mais pour-

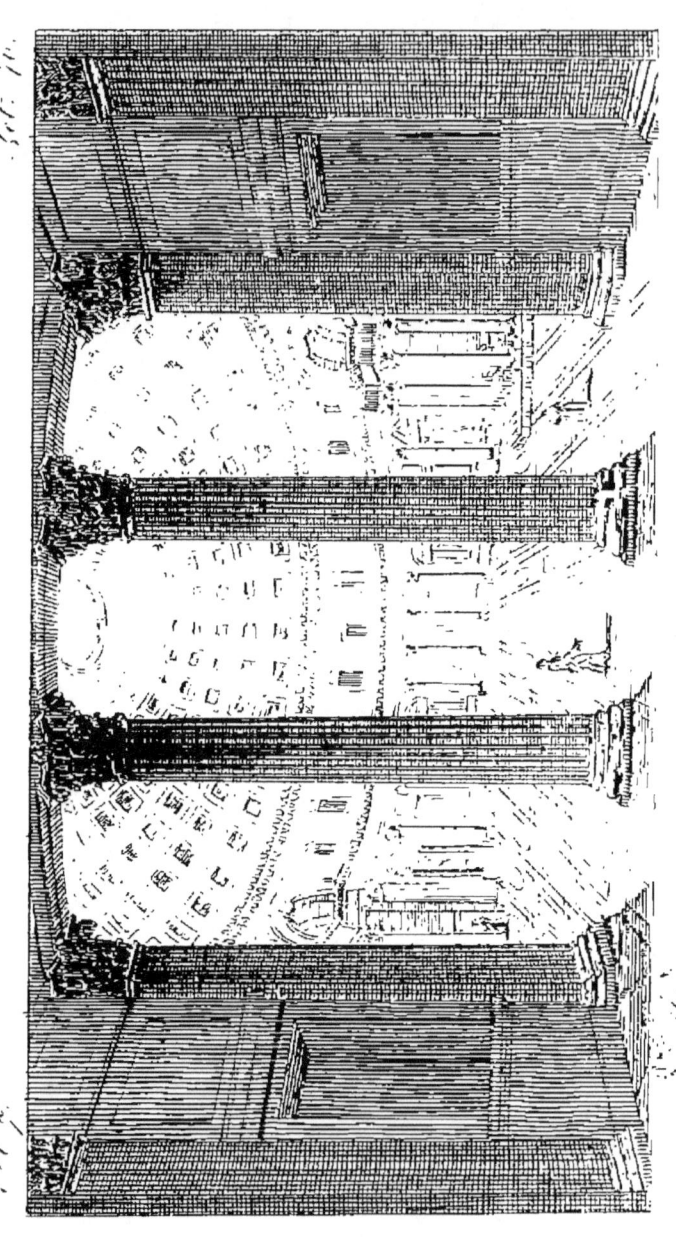

Intérieur du Panthéon.

quoi tous ces pompons d'or et de marbre ? On ne sait qui a fait le plus de mal à ce monument, des barbares qui l'ont dépouillé, ou des papes qui l'ont décoré [a].

Voilà donc le Panthéon, qui étonna l'imagination romaine, et n'étonna pas celle de Michel-Ange; ce Panthéon, qui avait été une pensée du siècle d'Auguste, et ne fut dans la suite qu'une des idées de Michel-Ange : le dôme de son église de Saint-Pierre! — Vous admirez, dit-il aux nations, la masse du Panthéon, et vous êtes étonnées que la terre la porte? je la mettrai dans les airs.

Le génie de Michel-Ange disait de ces choses, et sa main les exécutait.

Quel dommage que le goût moderne ait blanchi la voûte du Panthéon. Cette couleur l'a rapprochée de la terre. Blan-

---

[a] Voyez, dans les Appendices de ce volume, le n° xiv.

chir un édifice antique ! c'est pis que si l'on noircissait un édifice moderne. Et c'est Benoît XIV qui a ordonné qu'on fît à la voûte du Panthéon une pareille injure !

Je laisse à d'autres le soin de compter tous les marbres, tout le porphyre, tout le granit qui enrichissent l'intérieur du Panthéon. Il possède un trésor bien plus précieux, les cendres de Raphaël.

Carle Maratte a fait ériger à Raphaël un tombeau, où Agrippa lui eût fait élever un autel.

Il mourut, ce grand homme, en 1520; il mourut âgé de 37 ans. Approchons de ce tombeau, et lisons :

Ille hic est Raphael, timuit quo sospite vinci
Rerum magna parens, et moriente mori [49].

Le cardinal Bembo a mis de l'esprit

[49] On a traduit ainsi, en italien, ce distique ingénieux :

> Questi è quel Rafael cui vivo vinta
> Esser credea Natura, e morto estinta.

dans ces vers; il n'aurait dû y mettre que de la douleur. Que ne se bornait-il à dire : *Hìc est Raphael!*—« Raphaël est ici ! »

J'avais été voir, le matin, des tableaux de Raphaël. Ah ! quand on vient de voir les ouvrages d'un grand homme, c'est une chose bien touchante que son tombeau !

LETTRE XLVII.

A Rome.

C'était hier la fête de saint Louis de Gonzague, jésuite : grande fête, par conséquent, dans l'église de Saint-Ignace.

J'ai suivi la foule, et j'ai été entendre l'Opéra des Vêpres et voir l'Illumination du Salut. Ces expressions conviennent parfaitement à ce qui se passe ici dans les grandes solennités.

Tout l'office s'exécute en musique; on se promène, on cause, on rit, on fait foule autour des orchestres.

Il n'y a pas de jour dans l'année où il n'y ait deux ou trois de ces spectacles, et tous également courus.

En sortant du Salut, on va dans la rue du Cours prendre des glaces, ou souper dans un cabaret avec des femmes, ou assister à un feu d'artifice et à un bal, près de l'église, chez un dévot de la paroisse ou un protecteur du couvent. Les grands amis du saint illuminent.

La fête de saint Louis de Gonzague se célèbre avec une pompe toute particulière. En supprimant les jésuites, on n'a rien changé aux usages de leurs églises; on leur a conservé aussi toutes leurs richesses.

La chapelle du saint est d'une magnificence, non pas romaine tout-à-fait, mais jésuitique. L'autel est d'argent, ciselé avec un art admirable; il est couvert de chandeliers de *lapis lazuli*.

Dans le devant de l'autel est une ouverture, par laquelle on jetait, du temps des jésuites, et on jette encore aujourd'hui, des lettres adressées au saint : on lui demande de présenter à Dieu telle et telle requêtes, et de les appuyer de ses bons offices.

Les jésuites avaient persuadé aux Italiens que saint Louis de Gonzague se prêtait volontiers à cela, et qu'il était si bien avec Dieu, que rarement il manquait son coup.

Les jésuites ne manquaient pas le leur : ils pénétraient, par ce moyen, les secrets les plus cachés des familles.

Comme le devant d'autel avait été enlevé à cause de la fête, j'ai vu de mes propres yeux, dans la boîte, une foule de lettres.

On venait d'en mettre une à la poste

dans le moment même ; elle était souscrite : *A saint Louis de Gonzague.* On avait oublié : *poste restante.*

La musique, formée en partie par ces instruments qu'on nomme des *castrati*, qui charment tant d'oreilles délicates et affligent tant de cœurs sensibles, ne m'a pas empêché d'examiner l'église.

Le plafond représente saint Ignace dans le ciel, aux pieds de Jésus ; il est entouré d'une foule de disciples. Les quatre parties du monde sont sous lui. Des bandes de jésuites, conduites par des anges, et tenant un glaive et un flambeau à la main, se précipitent de tous côtés pour aller persuader l'évangile.

Les quatre pendentifs du dôme offrent chacun un massacre, choisi du Vieux Testament.

Mais ce qu'il y a de plus remarquable, c'est l'inscription, en gros caractères, au-dessus du maître-autel : *Ego vobis Romæ propitius ero.* — « Je vous serai propice à Rome. »

Les jésuites ont été détruits à Rome, et cette inscription subsiste.

La statue de saint Louis de Gonzague, par Le Gros, est un chef-d'œuvre ; le saint lui-même est fort beau.

Les jésuites n'ont pas manqué ce trait de captation dans leurs tableaux et leurs statues.

Leur saint Stanislas est charmant.

Les jésuites avaient remarqué qu'un jeune homme fait une prière plus longue et plus fervente aux pieds d'une belle Vierge. Ils connaissaient toutes les routes du cœur.

LETTRE XLVIII.

A Rome.

Ce matin, je suivais tranquillement mon chemin dans la rue; je m'en allais au Capitole. Dans le moment a passé un carrosse, où étaient deux récollets, l'un sur le fond, l'autre sur le devant, et tenant entre leurs jambes quelque chose que je n'ai pu distinguer.

Tout le monde s'est arrêté, et a salué avec un profond respect.

J'ai demandé à qui s'adressait ce salut.—C'est, m'a-t-on répondu, au *Bambino*, que ces bons pères vont porter à un prélat qui est bien malade, et dont les médecins désespèrent.

Je me suis fait expliquer ensuite tout ce *Bambino*.

Le *Bambino* est un petit Jésus de bois, richement habillé.

Le couvent qui a le bonheur d'en être le propriétaire n'a pas d'autre patrimoine.

Dès que quelqu'un est sérieusement malade, on va chercher le *Bambino*, et en carrosse, car il ne va jamais à pied. Deux récollets le conduisent, le placent à côté du malade, et restent là, à ses frais, jusqu'à ce qu'il soit mort ou sauvé.

Le *Bambino* est toujours en course; on se bat quelquefois à la porte du couvent pour l'avoir : on se l'arrache. L'été surtout, il est singulièrement occupé, quoiqu'il se fasse alors payer plus cher, à raison de la concurrence et de la chaleur. Cela est juste.

LETTRE XLIX.

A Rome.

Hier, en sortant du Panthéon, j'ai été au Capitole [a].

Cet endroit, qui a dominé l'univers, où Jupiter avait son temple, et Rome avait son sénat; d'où jadis les aigles romaines s'envolaient continuellement dans toutes les parties du monde, et de toutes les parties du monde continuellement revolaient en rapportant des victoires; d'où un mot échappé de la bouche de Scipion, ou de Pompée, ou de César, courait, parmi les nations, menacer la liberté et faire la destinée

[a] Voyez, dans les Appendices de ce volume, le n° xv.

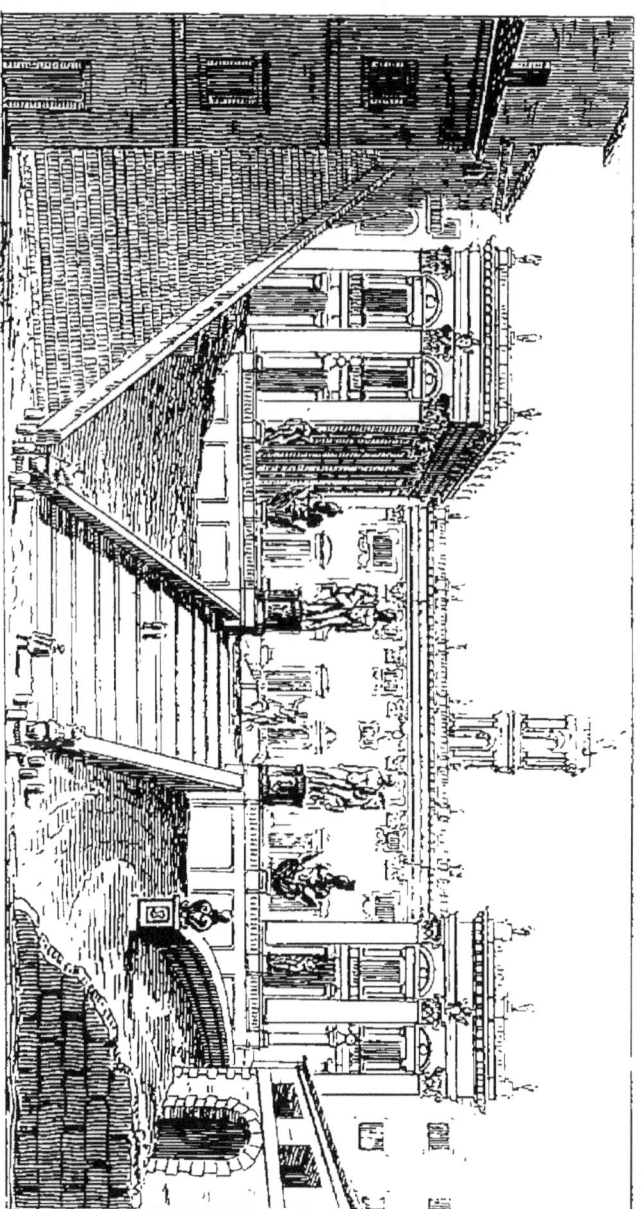

des rois ; où enfin les plus grands hommes de la république respiraient, après leur mort, dans des statues qui exerçaient encore sur l'univers une autorité romaine : eh bien ! ce lieu si renommé a perdu ses statues, son sénat, sa citadelle, ses temples ; il n'a conservé que son nom, tellement cimenté par le sang et les larmes de tant de peuples, que le temps n'a pu encore en désunir les syllabes immortelles : il s'appelle encore le Capitole.

C'est au Capitole que l'on voit bien tout ce peu que sont les choses humaines, et tout ce qu'est, au contraire, la fortune.

Je cherche la place où était la citadelle.

La Roche Tarpéienne est plus des trois quarts enterrée.

On ne peut se consoler des ravages qui ont détruit tant de grands monuments, que dans un musée, qui en est tout près, où les papes ont recueilli quelques-uns de leurs débris, et devant la statue équestre de Marc-Aurèle.

Cette statue est de bronze; elle est la plus belle qui nous soit restée des anciens. Michel-Ange lui a fait un piédestal.

On a beaucoup critiqué cette statue, et ce n'est pas sans fondement.

Ce cheval, j'en conviendrai, est court, lourd, épais; mais il vit, il va, il passe....

LETTRE L.

A Rome.

J'AI fait hier une promenade intéressante.

J'ai dirigé ma route vers la voie *Appia*, hors des portes de la ville.

J'ai traversé, pour y arriver, un des

faubourgs, maintenant le plus désert, et autrefois le plus habité : c'était même autrefois le quartier le plus brillant de Rome. On l'appelait et on l'appelle encore le Vélabre.

Ce quartier est presque retombé dans l'état où l'a représenté Tibulle dans une de ses élégies [50]. Vous ne serez peut-être pas fâché que je vous rappelle cette description : elle est très courte ; la voici :

Là même, où le Vélabre, étalant ses portiques,
Fait briller dans les airs vingt palais magnifiques,
La jeune villageoise, en voguant sur les eaux,
Au fils du possesseur de ses riches troupeaux
Portait, les jours de fête, attentive à lui plaire,
Du lait et des agneaux, doux tribut de leur mère ;
La colonnade monte où l'humble toit rampait.
Formé d'un bois grossier, que sans art on coupait,
Pan, la flûte à la bouche, y régnait sous un hêtre.
Les pâtres, en offrande, aux pieds du dieu champêtre,
Répandaient un lait pur ; et les branches d'un pin
Balançaient les pipeaux qu'y suspendait leur main.

[50] Liv. II, Élég. 5, v. 27.—Voyez le texte latin aux Appendices, n° XVI.

En sortant du Vélabre, je me suis trouvé sur la voie *Appia*, et je m'y suis promené quelque temps.

J'ai rencontré le tombeau de *Cecilia Metella*, de la fille de ce Crassus qui balança, par son or, le nom de Pompée et la fortune de César.

Ce monument célèbre, consacré par un père tendre à la mémoire de sa fille, est une tour ronde. Sa circonférence est très grande ; toute la partie supérieure est détruite ; elle servit long-temps de forteresse dans les guerres civiles d'Italie ; elle est encore environnée de cásernes, qui sont en ruine.

Je suis entré dans le tombeau de *Cecilia Metella*, et je m'y suis assis sur l'herbe.

Ces fleurs qui, dans le coin d'un tombeau, dans l'ombre, pour ainsi dire, de la mort, faisaient briller leurs couleurs ; cet essaim d'abeilles, réfugiées entre deux rangs de briques ; le miel qu'elles composaient là ; ce doux

bourdonnement de leur vol léger, qui s'échappait du silence et venait distraire ma pensée; cet azur des cieux, formant, au-dessus de ma tête, une voûte magnifique, que des nuages d'argent et de pourpre peignaient tour à tour en fuyant; le nom de *Cecilia Metella*, qui peut-être fut belle et sensible, et sans doute fut malheureuse; le souvenir de Crassus; l'image d'un père désolé qui tâche, en amoncelant des pierres, d'éterniser sa douleur; ces soldats, que mon imagination apercevait encore combattant du haut de cette tour; tout cela et mille autres impressions que je ne saurais ni démêler, ni nommer, jetèrent peu à peu mon ame dans une rêverie délicieuse. J'eus de la peine à sortir de ce tombeau.

LETTRE LI.

A Rome.

Je n'ai pas le temps, ce soir, d'entrer dans le Musée. Il me tarde d'entrer dans le *Forum*.

Il doit être près d'ici. Il s'étendait entre le mont Palatin, où Rome est née, et le mont Capitolin, où Rome est ensevelie.

Quoi! ce *Forum*, autrefois couvert de temples, de palais, d'arcs triomphaux, jadis le centre de Rome, et par conséquent du monde, le théâtre de tant de révolutions, qui d'abord ont changé l'univers par Rome, et ensuite ont changé Rome par l'univers : c'est là lui?

Adossé à la muraille où les tables des

Pl. 10. Liv. 31.

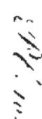

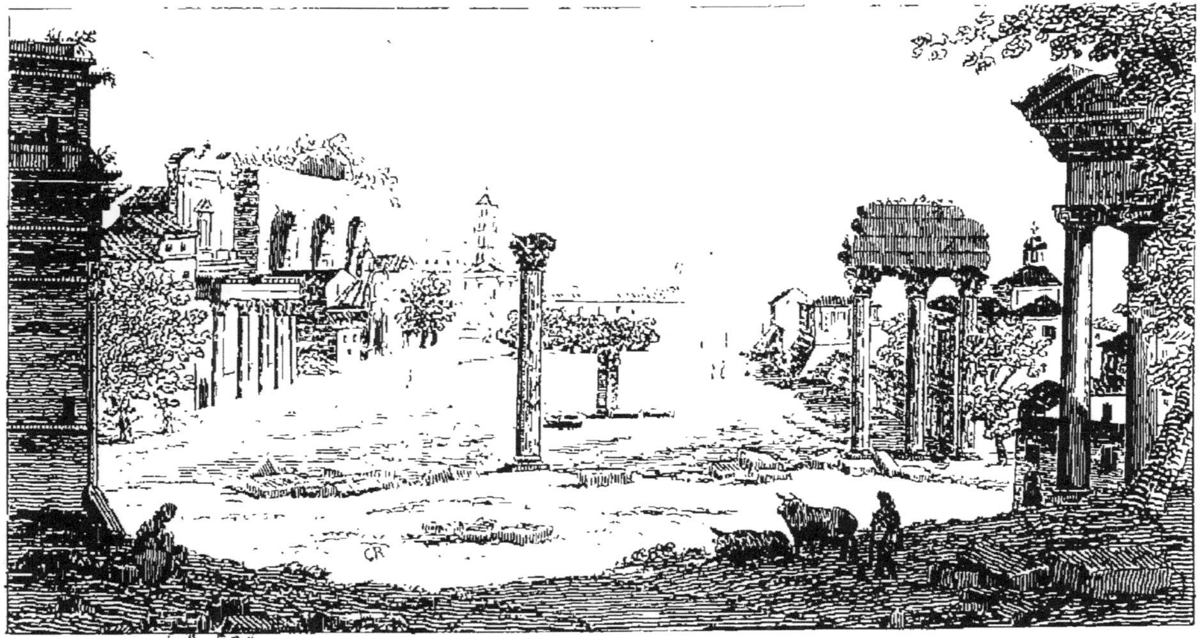

Vue du Forum Romanum.

lois étaient attachées; debout sur la prison où les complices de Catilina furent conduits à la mort, quand Cicéron eut parlé; appuyé sur le tronçon d'une colonne d'un temple de Jupiter Tonnant, je regarde.... et mon regard, errant dans une vaste enceinte, ne saisit que des débris de chapiteaux, d'entablements, de pilastres, qui la plupart ont perdu et leur forme et leur nom; il passe sur six colonnes du temple de la Concorde, sur le fronton du temple de Jupiter Stator, sur le portique du temple d'Antonin et de Faustine, sur les murs du Trésor public, sur l'Arc de Septime Sévère, sous les voûtes d'un temple de la Paix, à travers les ruines de la maison dorée de Néron; et il va se reposer sur une colonne corinthienne de marbre blanc, qui, au milieu de l'étendue du *Forum*, monte isolée.

Quels changements! dans ces lieux où Cicéron parlait, des troupeaux meuglent ! Ce qui s'appelait, dans l'univers, le *Forum Romanum*, s'appelle aujourd'hui, dans Rome, le champ des vaches *.

Je ne pouvais me lasser de parcourir cette étendue du *Forum* ; j'allais d'un débris à l'autre, d'un entablement à une colonne, de l'Arc de Septime Sévère à celui de Titus ; je m'asseyais ici sur un fût, là sur un fronton, plus loin sur un pilastre. J'avais du plaisir à fouler sous mes pieds la grandeur romaine ; j'aimais à marcher sur Rome.

* *Campo vaccino.*

LETTRE LII.

A Tivoli.

J'arrive à l'instant à Tivoli; mais il est nuit. N'importe, me voilà arrivé : je me réveillerai demain à Tivoli.

Déjà la lune me montre, à côté de cette chambre où je dois passer la nuit, les temples de Vesta et de la Sybille. Elle me découvre, vis-à-vis de mes fenêtres, cet Anio [51], qui retentira éternellement dans les vers d'Horace.

Il me tarde que le soleil lui-même me montre et ces temples et cette cascade.

J'aime ce bruit, qui ébranle mon ame, comme cette montagne. J'aime à

---

[51] Aujourd'hui le Teverone.

écouter l'Anio. Il mugit, il tonne, il tombe! La nuit ici n'a point de silence.

Comme ce fleuve, en se précipitant, se brise tout entier en écume! comme il repousse les rayons de la lune sur ces arbres, sur ces monts, sur cet abîme, sur ces belles colonnes corinthiennes de ce temple de Vesta, qu'ils revêtent de la clarté la plus douce et la plus pure!

Où sont les peintres et les poëtes?

LETTRE LIII.

A Tivoli.

Puisque je ne peux fermer l'œil, je vais vous rendre compte de mon voyage.

Je pars de Rome, vers les quatre heures du soir, avec un seigneur polonais, qui, depuis dix ans, fait des lieues dans l'Europe, et un médecin français, qui, depuis dix ans, y voyage.

J'ai fait d'abord quatorze milles à travers la solitude, la poussière et les tombeaux, c'est-à-dire la Campagne de Rome.

Je suis sur la voie romaine, appelée *Tiburtina* [52].

Tout à coup une odeur de soufre saisit; on fait quelques pas, elle enveloppe. La terre est déjà noire; la verdure des buissons et des plantes, que le printemps force d'y végéter, est à moitié desséchée; la rose sauvage éclot et meurt.

On suit cette odeur de soufre: on arrive à un lac rempli d'une eau bleuâtre.

Cette eau bouillonne aussitôt que l'on y jette la moindre pierre.

On voit flotter sur le lac plusieurs

---

[52] La voie Tiburtine (*Via Tiburtina*), qui conduisait de Rome à Tibur, aujourd'hui Tivoli.

petites îles couvertes de roseaux : ce sont des portions de terre minées par l'eau.

Le vapeur qui s'élève du lac, et qui flotte sur son étendue, est funeste aux oiseaux : ils passent, ils meurent et tombent.

Cependant deux malheureux habitent sur la *Solfatara :* c'est ainsi que l'on nomme ce lac.

La curiosité des voyageurs leur fournit de quoi manger, dormir et s'enivrer ; ils sont hâves, défaits, languissants ; mais ils ne pensent pas.

On quitte, le plus tôt qu'on peut, les bords de la *Solfatara,* et on s'avance vers Tivoli.

On rencontre, au pied des montagnes, plusieurs ruines, parmi lesquelles domine un tombeau.

C'est une tour carrée, fort bien conservée ; elle présente, sur une de ses faces, un monument triomphal, érigé à *Plautia*.

Ce rapprochement d'un monument triomphal et d'un tombeau, érigés à côté l'un de l'autre, pour le même homme, fait rêver. La gloire à côté de la mort!

Enfin, me voilà à Tivoli!

Eh! que m'importe qu'il y ait un évêque, huit curés et dix-huit cents habitants à Tivoli? L'Anio et ses cascades y sont-elles? Le temple de Vesta subsiste-t-il?

Je demande où demeurait Properce, où demeurait Cynthie, et Zénobie, et Lesbie, et toi, Horace! On me montre où demeurent les Camaldules, les Capucins et le vicaire de la paroisse.

A demain.

LETTRE LIV.

A Tivoli.

Voilà le soleil; courons vite à la cascade.

L'Anio arrive lentement, sur un lit égal et uni, en baignant, d'un côté, une ville étalée sur ses bords, et, de l'autre, de grands ormes qui balancent sur lui leur ombrage : il s'avance ainsi, calme, majestueux, paisible. Soudain, entrant dans une fureur inexprimable, il se brise tout entier sur des rocs; il écume, il rejaillit, il retombe en bouillons impétueux, qui se heurtent, qui se mêlent, qui sautent; il remplit un moment un vaste rocher, l'entr'ouvre, et se précipite en grondant. Où est-il donc ?

Je suis éloigné de plus de cent toises, et la poussière de ces flots brisés m'arrose et m'inonde ; elle forme à plus de cent toises, en tous sens, une pluie continuelle.

Mais j'entends mugir encore ces flots ; je demande à les revoir ; on me conduit à la Grotte de Neptune.

Là, une montagne de roche s'avance sur un abîme épouvantable, se creuse, se voûte, et se soutient hardiment sur deux énormes arcades. A travers ces arcades, à travers plusieurs arcs-en-ciel qui les cintrent en se croisant, à travers les plantes et les mousses qui pendent de leurs fronts en festons, j'aperçois de nouveau ces flots furieux, qui tombent encore sur des pointes de rochers, où ils se brisent encore, sautent de l'un à l'autre, se combattent, se plongent, disparaissent ; ils sont enfin dans l'abîme.

Écoutons bien les tonnerres que roulent ces flots bondissants ; écoutons bien ce retentissement universel, et, tout à l'entour, ce silence.

Ces flots, cette hauteur, cet abîme, ce fracas, ces rocs pendants en précipice, les uns noircis par les siècles, d'autres verdis par de longues mousses, ceux-là hérissés de ronces et de plantes sauvages de toute espèce ; ces rayons égarés du soleil, qui se brisent, qui se jouent sur le roc, dans les eaux, parmi les fleurs ; ces oiseaux que le bruit et le vent des ondes effraient et repoussent, dont on ne peut entendre la voix : tout cela m'émeut, me trouble, m'enchante.

Horace, tu es venu, sûrement, plus d'une fois, accorder ici ton imagination et ta lyre.

LETTRE LV.

A Tivoli.

Je vous écris, dans ce moment, devant les Cascatelles, assis, depuis une heure, sous un olivier antique; occupé à les contempler, à écouter ces belles ondes.

La route qui conduit aux Cascatelles est charmante.

On passe sous les arbres les plus riants, à travers les mûriers, les figuiers, les peupliers, les platanes; on foule les gazons les plus verts, les fleurs les plus odorantes; on entend, dans les bois voisins, les concerts de mille oiseaux; des chevaux descendent des montagnes; des troupeaux paissent sur leurs sommets, et les blanchissent; le bruit argentin des clochettes brille, pour ainsi dire, dans les airs. Tout à coup le temple de Vesta et celui de la Sybille se montrent. Que l'œil tourne avec plaisir autour de ces belles colonnes ! mais on voudrait pouvoir les repousser en arrière, car elles penchent trop sur l'abîme. Comme ces ronces, ces lierres, toutes ces herbes qui disputent à l'acanthe corinthienne de couronner ces colonnes, font un effet pittoresque !

Enfin, on arrive vis-à-vis des Cascatelles.

Je les préfère à la grande cascade, à la Grotte de Neptune, à toutes les eaux dont j'ai conservé la mémoire.

Ces monts couronnent bien cette ville ! cette ville, à son tour, couronne bien ce côteau ! Comme ce côteau descend doucement, chargé de moissons de toute espèce ! Là, un champ de blé, plus loin un verger, plus loin des treilles couvertes de vignes. Tout d'un

coup, du milieu de toutes ces riantes verdures, un fleuve impétueux s'élance, et se divise en cinq fleuves, qui, par cinq routes différentes, ou jaillissent, ou coulent, ou se précipitent : ils rencontrent, en bas, d'autres flots, qui, de tous les côtés, accourent, et viennent se réunir avec eux, sur un tapis d'émeraudes.

C'est sans doute ici que Properce venait rêver, venait composer ses vers ; qu'il conduisait, vers le soir, sa belle Cynthie.

Sans doute, tandis que la jeune Cynthie suspendait sur son épaule un bras languissant et vaincu, Properce aimait à lui montrer, et à lui détailler cette scène; à guider ses regards distraits sur ces ondes, qui s'élancent en gerbes, sur ces flots qui coulent en filets d'argent, sur cet arc-en-ciel éternel, sur ces mousses nourries d'une poussière humide, sur ce peuple d'arbustes, qui tremblent sans cesse du mouvement des flots qui se précipitent à l'entour.

Horace, n'est-ce pas devant ces mêmes cascades, et enchantée de cette même scène, que ta muse a célébré, en de si beaux vers, les délices de Tivoli * ?

Et toi, Zénobie, et toi, Lesbie, n'est-ce pas aussi dans ce beau lieu que vous veniez quelquefois vous consoler d'avoir perdu, toi, Zénobie, ta couronne; et toi, Lesbie, ton moineau?

Quelle fraîcheur! quel calme! quelle solitude, et en même temps, quel beau jour! Un beau jour est vraiment une fête que le ciel donne à la terre.

Ma femme, mes enfants;.... tout ce

---

* Me neque tàm patiens Lacedæmon,
Nec tàm Larissæ percussit campus opimæ,
Quàm domus Albuneæ resonantis,
Et præceps Anio et Tiburni Lacus, et uda
Mobilibus pomaria rivis.

Liv. I, Od. vii, vers. 10.

que j'aime, que n'êtes-vous ici dans ce moment!.... Il seraient heureux, j'en suis sûr!

Il serait bien impossible à Fanny, à Adèle, à Adrien, à Éléonore, de fouler tous ces gazons, de cueillir la moitié de ces fleurs.

Adieu, vallon! adieu, cascade! adieu, rochers pendants! adieu, fleurs sauvages! adieu, arbustes! adieu, mousses! en vain vous voulez me retenir; je suis un étranger; je n'habite point votre belle Italie; je ne vous reverrai jamais: mais peut-être mes enfants viendront vous visiter un jour : soyez-leur aussi charmants que vous l'avez été à leur père.

Mes enfants, il faudra venir vous asseoir sous cet antique olivier, sous lequel je suis assis : c'est celui qui s'avance le plus près du précipice; il est vis-à-vis d'un rocher. C'est sous cet arbre, mes enfants, que vous jouirez le mieux de tout ce site enchanteur.

Adieu encore, belles ondes! C'est votre écume, votre murmure, votre fraîcheur, le trouble et la paix dont vous pénétrez à la fois mes sens ; c'est tout ce que je vois, j'entends, je sens autour de vous, que je regretterai encore dans le sein de ma famille et de mes amis ; et non pas tous ces marbres, tous ces bronzes, toutes ces toiles, tous ces monuments tant vantés. Car vous, vous êtes la nature, et eux, ils ne sont que l'art.

LETTRE LVI.

A Tivoli.

Ce matin, après avoir quitté les Cascatelles, et en revenant à Tivoli, j'ai rencontré des laboureurs qui poussaient la charrue à travers des tronçons de colonnes.

Je me suis écarté un moment, et je me suis enfoncé sous des restes de portiques, qui avaient porté des palais de marbre, et qui portent des champs d'oliviers.

Enfin, mes compagnons et moi, nous voilà de retour de Tivoli, où, dans un temple de la Sybille, le dîner nous attendait.

De l'appétit, des mets sains, le sentiment toujours présent du lieu où nous étions ; à droite, des côteaux couverts de verdure ; à gauche, des monts hérissés de roches ; devant nous l'Anio tombant tout entier en écume ; au-dessus de notre tête, un ciel du plus pur azur, reposant, en voûte, sur un rang circulaire de colonnes corinthiennes de marbre blanc, et des nuages d'argent et de pourpre, qui passaient sous cette voûte et la peignaient; des vers d'Horace et de Properce que nous récitions à l'envi ; vers la fin du repas, l'arrivée imprévue d'une charmante Tivolienne, qui nous apportait du lait blanc et pur, comme ses belles dents, et des fraises, aussi vermeilles que ses jeunes lèvres qui rougissaient de nos souris et de nos regards; le fracas du fleuve, qui nous dérobait souvent nos paroles; nos noms, que nous gravâmes sur la pierre, et que nous adressions à nos amis, s'ils venaient un jour dans ces lieux : tous ces plaisirs réunis m'ont fait, de ce dîner champêtre, un des moments les plus doux de ma vie.

Les plaisirs sont suivis des peines : il faut quitter Tivoli.

LETTRE LVII.

A Rome.

Le feu prit hier, pendant la nuit, dans la place de Saint-Pierre, à côté du Vatican. Il prit à l'heure où les vieillards et les enfants dorment déjà, mais où les malheureux et les mères veillent encore.

Jamais incendie n'a été plus furieux : il a menacé de consumer Rome. Irrité par un vent impétueux, il s'enflamma tout à coup. La nuit la plus sombre semblait éclairer de ses ténèbres cet incendie.

Quels tableaux ont brillé affreusement à sa clarté ! — Je vois tout, j'entends tout. Les cris des mères déchirent encore mes entrailles.

J'avais passé la soirée dans les environs du Vatican : je m'en revenais chez moi, à la place d'Espagne. En entrant dans celle de Saint-Pierre, j'aperçois des flammes, qui, s'élançant des toits du pauvre, qu'elles avaient déjà dévorés, montaient, le long de vingt colonnes de marbre, au sommet du Vatican.

J'étais seul. Je l'avoue : me croyant à un magnifique spectacle, je jouissais. Mais, dans le moment, il passa, à vingt pas de moi, un jeune homme qui portait un vieillard sur ses épaules. A la manière dont ce jeune homme regardait autour de lui, sondait sous ses pas la route, prenait garde de secouer, en marchant, le vieillard, je vis bien qu'il portait son père. Ce vieillard, arraché inopinément au sommeil et à la flamme, ne sachant où il est, d'où il vient, où il va, ce qui se passe, s'abandonnait. Cependant un jeune enfant les précède, qui, tout troublé, de temps en temps les regarde. Une femme, vieille, presque nue, l'air indifférent, emportant les vêtements du vieillard, marchait derrière.

Je les suivais d'un œil attendri, lorsque je vis, à peu de distance, un autre jeune homme qui, tout nu, pressé de la flamme qui le suivait, les mains attachées en dehors à une fenêtre embrasée, et pendant de tout son corps le long de la muraille, choisissait de l'œil, sur le pavé, l'endroit le moins périlleux, pour y tomber.

Le vrai jour pour voir tout le cœur d'une mère, c'est bien la clarté d'un incendie! Comme, du haut d'une terrasse, cette femme tendait à son mari, qui était en bas, le cher gage de leur union! elle s'avançait, elle se penchait, elle se penchait encore : l'enfant tenait toujours dans ses bras, ou à son sein, ou à ses lèvres; mais enfin, entre les bras étendus de cette mère, et les bras étendus de ce père, l'enfant endormi dans son berceau.... J'ai détourné les yeux, et j'ai fui.

J'avais déjà traversé la place. Je rencontre, se sauvant d'un palais embrasé, toute parée encore et en larmes, vêtue d'habits magnifiques, et tenant par la main devant elle deux enfants nus, une femme grande, d'une beauté et d'une taille majestueuses. Le plus petit de ces enfants, en regardant crier et pleurer sa mère, criait et pleurait aussi. La sœur, d'une figure charmante, transie de froid, tâchait de vêtir et même de voiler son jeune et tendre corps de ses bras et de ses mains pudiques. Malheureuse mère! il lui manquait sûrement un enfant; elle en tenait deux par la main, et elle pleurait.

Cependant, vieillards, enfants, soldats, prêtres, riches, pauvres, la foule incessamment s'amoncèle. Elle roulait d'un bout de la place à l'autre, comme une mer agitée par la tempête. On entre dans l'église de Saint-Pierre, on en sort, on y rentre, on se précipite, on tombe. J'ai vu passer à côté de moi, emportée par quatre soldats, sur des sabres croisés, une jeune fille évanouie. Elle était belle ! la clarté de l'incendie flottait sur son front pâle ; elle brillait dans des larmes échappées de sa paupière, et arrêtées sur ses joues.

Mais, dans toute cette scène effroyable, ce qui me causait le plus d'horreur, c'était, dans les intervalles où le vent se taisait, le silence. Alors il en sortait, de toutes parts, des soupirs étouffés, des gémissements profonds, le bruissement de la flamme qui dévore, le fracas des édifices qui, de moment en moment, croulent ; les cris des mères.

Je sortais enfin de la place. Soudain, à une fenêtre du Vatican, à côté même de la flamme, voilà une croix, voilà des prêtres, voilà, en habits pontificaux, le souverain pontife !

La foule à l'instant pousse un cri, à

l'instant est à genoux; à l'instant le pontife est environné dans les airs de cent mille regards en larmes, et de vingt mille bras en prières. Le pontife lève les yeux au ciel, et il prie : le peuple baisse les yeux à terre, et il prie..... Figurez-vous, murmurant comme de concert, dans ce profond et religieux silence, l'ouragan, l'incendie et la prière.

Comment rendre un tableau qui s'est offert en ce moment à mes regards ?

Sur une des marches de l'église, seule, isolée, une mère pressait de ses mains les petites mains de son enfant à genoux à côté d'elle, les joignait avec complaisance, et les mettait en prière. Derrière eux, une jeune fille, les cheveux épars, éplorée, debout, tendait vers le pontife, de toute sa douleur (et sans doute de tout son amour), les mains les plus pathétiques; tandis qu'aux pieds de cette jeune fille, au contraire, assise, le dos tourné au Vatican et au pontife, ne pleurant point, ne priant point, une femme, d'un air étonné, la regardait.... Son enfant, en effet, jouait dans son sein.

Cependant le pontife a prié : il se lève. Le peuple, dans une attente inexprimable, le regardait.

Alors, d'une voix pleine d'espérance, et le front calme, le pontife répand sur la foule prosternée les paroles religieuses qui la bénissent. Soudain, soit miracle, soit comme par miracle, les derniers mots de la bénédiction étaient encore dans les airs, les vents n'étaient plus dans les airs ; la flamme retombe sur la flamme ; la fumée en noirs tourbillons s'élève, enveloppe l'incendie, l'étouffe, et rend à la nuit toutes ses ténèbres.

Ah ! que ce tableau de Raphaël, que l'on voit au Vatican, est admirable !

LETTRE LVIII.

A Frascati.

Frascati était autrefois *Tusculum*.

On me proposa, à mon arrivée, de me mener aux Villa Panfili, Mondragone et Ludovisi.

— Non, dis-je, menez-moi à la villa *Marcus Tullius Cicero*.

Malheureusement elle est détruite. Le souvenir même des lieux où elle fut a péri.

J'ai donc été réduit à visiter les villa Panfili, Mondragone et Ludovisi.

J'ai vu leurs eaux, leurs arbres, leurs palais ; je ne voudrais pas les revoir.

Je conçois que ces lieux soient délicieux pour les Romains : ils n'en ont pas d'autres.

Mais ni ces eaux, ni ces bois, ni ces gazons, ne sauraient arrêter un voyageur qui a respiré la fraîcheur dans le vallon de Maupertuis [53], ou égaré ses pas dans le parc d'Ermenonville, ou rêvé dans les sentiers du Désert; qui a visité quelques-unes des retraites délicieuses que la Seine, que la Loire, que la Saône, que la Dordogne, qu'en France vingt fleuves ou rivières étalent à l'envi sur leurs rivages.

Les palais des villa de Frascati sont immenses ; mais ce ne sont que des amas de pierres. On les a dépouillés successivement des statues et des tableaux qui les rendaient habités.

Ces jardins sont dans un état affreux.

---

[53] Les jardins de Mau-Pertuis portaient le nom de l'Élysée, et appartenaient au marquis de Montesquiou. Ermenonville, où mourut J.-J. Rousseau, est la propriété de MM. de Girardin. Le Désert fut dessiné par M. de Monville, au bon goût duquel il fit beaucoup d'honneur. Delille n'a pas oublié ces beaux jardins dans son poëme.

Les eaux y arrivent bien encore de tous les monts supérieurs, pures, fraîches, abondantes; mais à peine arrivent-elles, qu'au lieu de les laisser courir de rochers en rochers, de gazons en gazons, murmurer, jaillir (comme le voudrait la nature), on les emprisonne dans des canaux et des bassins, d'où elles ne peuvent plus s'échapper que par des cascades ou des jets d'eau, ou des fontaines qui les versent flot à flot, qui leur mesurent tous leurs bonds, qui semblent régler jusqu'à leur murmure. Enfin, on dégrade, à former des jeux bizarres, propres à amuser seulement des enfants, ces belles ondes, destinées par la nature à inspirer le génie du poëte, la rêverie de l'homme sensible, à rafraîchir le sommeil du voluptueux.

Cependant les Italiens ont eu beau faire : ils n'ont pu détruire ces sites charmants, voiler ces aspects romantiques : ils n'ont pu tarir la sève qui tapisse toutes ces collines d'une verdure toujours jaillissante; ces belles retraites sont restées ouvertes à tous les zéphirs, aux rayons d'un beau jour, et aux oiseaux amoureux.

L'aspect dont j'ai été le plus frappé, est celui qu'on découvre de la terrasse de la villa Mondragone.

A gauche, vos regards vont se poser sur une colline, qui coupe entièrement l'horizon, et s'avance au milieu de la campagne, comme un rideau tiré devant elle. Cette colline, qui monte et descend du mouvement le plus doux à l'œil, étale, en amphithéâtre, les trésors réunis de la plus riche végétation : sur ses flancs, des arbustes de toutes les fleurs, de toutes les ombres, de tous les feuillages; à ses pieds, des familles innombrables d'arbrisseaux s'élançant, retombant en grappes, en festons, en panaches jaunes, pourpres, aurores ; tandis que son brillant sommet se couronne d'oliviers pâles qui courbent leurs fronts, de cyprès noirs qui les élèvent, et de pins verts et pyramidaux.

A la droite de la terrasse se présente un tableau tout différent : le lac Régile, au bord duquel Rome, de toutes ses victoires, a remporté la première; les côteaux de Tivoli foulés par Catulle et par Lesbie; les champs labourés par le vieux Caton; des marais qui furent les jardins de Lucullus, et les hauteurs où Cicéron a pensé.

Cependant, entre ces deux aspects, j'embrassais d'un regard, à mes pieds, la campagne de Rome; sur ma tête, l'étendue des cieux; devant moi, le cours du soleil; aux bornes de l'horizon, Rome, les Apennins et la mer.

LETTRE LIX.

A Rome.

Les artistes anciens avaient un grand avantage sur les artistes modernes, pour représenter les héros et les dieux : ils vivaient au milieu de la fable. Familiarisés, dès l'enfance, avec les divers personnages de la fable, ils les reconnaissaient chacun à leur voile; ils les appelaient chacun par leur nom; ils avaient appris par cœur la langue vraiment vivante de l'allégorie. Ainsi habitués, de bonne heure, à parler cette langue d'images, il leur en coûtait peu, dans la suite, pour l'écrire correctement avec le ciseau, ou le pinceau, ou la plume, sur le papier, sur la toile et sur le bronze.

Les artistes modernes, au contraire, séparés du peuple singulier de la fable par tant de préjugés, et de siècles, et des mœurs si différentes, ne peuvent distinguer, de si loin, les vêtements dont il est couvert, ni les discerner d'avec le nu.

Quel embarras donc, pour eux, toutes les fois qu'ils veulent comprendre ou traduire l'antiquité fabuleuse ! Ce que les anciens voyaient de l'œil, il faut que les modernes le voient de l'esprit ; ce que les premiers apprenaient, il faut que les seconds l'imaginent : il faut, enfin, que les modernes refassent, de leurs propres mains, le voile déchiré de la fable.

Les artistes anciens n'avaient pas moins d'avantage sur les artistes modernes, pour rendre le nu de la nature, que pour exprimer le voile de la fable.

Le nu de la nature, en effet, frappait continuellement leurs regards dans des fêtes, ou des jeux, ou des combats.

Parmi nous, au contraire, obligé par le climat ou par les mœurs, à fuir en tout temps les regards, il ne se laisse surprendre que rarement, et en trompant ou les mœurs ou le climat, qui, au reste, ne dérobent à nos yeux les beautés du nu, que pour y substituer la pudeur.

Les artistes anciens n'étaient-ils pas encore plus heureusement placés que les artistes modernes, pour représenter la beauté ; eux qui existaient dans un climat aimé du Ciel, qui produisait la beauté, dans des religions amoureuses qui l'adoraient, dans des mœurs voluptueuses qui la demandaient à tous les beaux-arts, et enfin parmi des peuples qui, de la beauté, faisaient un mérite, et récompensaient une belle femme, comme ils récompensaient un grand homme ?

Ces réflexions me sont venues hier,

en considérant deux Hercules dessinés par deux jeunes artistes.

J'ai dit à l'un : — Parce que vous avez fait une grosse stature, que vous lui avez attaché de gros bras, de grosses jambes, une grosse tête, vous croyez avoir fait un Hercule ; et vous n'avez fait qu'un colosse.

J'ai dit à l'autre : — Parce que vous avez dessiné une attitude pleine de force, une action pleine d'énergie, le corps le plus mâle et le plus vigoureux, vous croyez avoir fait un Hercule, et vous n'avez fait qu'un lutteur.

— Que fallait-il donc faire, me dirent alors ces jeunes artistes, pour représenter Hercule ?

— D'abord une chose, leur répondis-je, fort nécessaire et fort simple, et universellement négligée : savoir, avant tout, ce que vous voulez faire ; savoir, avant tout, ce que c'est qu'Hercule.

Pour moi, si j'interroge, sur Hercule, l'histoire des héros et des dieux, la fable, il m'est impossible de méconnaître dans la naissance, dans les travaux, dans les exploits, dans la mort, dans l'immortalité d'Hercule, dans Hercule, fils de Jupiter, vainqueur des tyrans et des monstres, soutenant sur son dos le monde, filant aux pieds d'Omphale, et se mariant à Hébé; il m'est impossible de méconnaître la force, ce grand principe de la nature agissante, par qui l'univers est vivant, qui n'obéit qu'à la beauté, et ne s'unit qu'à la jeunesse.

Si je demande ensuite au génie de l'allégorie quelles sont, dans sa langue, les expressions propres à dire à nos yeux cet être abstrait, le génie de l'allégorie m'indique d'abord la force la plus sublime dont le corps humain soit capable. Il me montre ensuite les symboles de cette haute force, non dans le développement des formes, qui signifie la grandeur, ni dans l'épaisseur des membres, qui signifie le poids et la masse, ni dans la rudesse des traits, qui accuse la férocité, ni même dans la tension énergique des muscles, qui, bien loin de peindre la force, exprime l'effort; mais dans la prononciation articulée de tous les signes réunis d'une vie étendue, universelle, abondante, active, c'est-à-dire dans le développement, la souplesse et la saillie de toutes les veines, dans lesquelles la vie coule, sous toute la surface du corps de l'homme.

Ainsi, dans le dessein où je suis de faire la statue d'Hercule, je commence par tirer de ce bloc de marbre un corps ni vieux ni jeune, mais mûr, et en pleine virilité; non pas colossal, mais grand; non pas massif, mais robuste. Le voilà. Mais il ne brille encore ni de la beauté du héros, ni de la divinité du dieu.

Laissant donc à présent la nature, et prenant pour guide le beau idéal, je dispose, je balance, je proportionne tous les membres de ce corps; j'assouplis tous ces muscles qui le hérissent ; j'aplanis toutes ces veines qui le sillonnent : enfin, par une suite de gradations insensibles, je conduis sur toute sa superficie, une ligne saillante, et néanmoins onduleuse, qui, partout où elle repose, décide une forme, et partout où elle a fui, laisse un contour.

Mais il reste à faire le plus difficile. Il reste à choisir une action.

—Choix embarrassant, en effet, s'écria le plus jeune artiste, parmi tant de travaux et d'exploits dont est composée la vie d'Hercule! Qu'il étouffe une hydre, ou qu'il terrasse un géant, ou qu'il déchire un lion, chacun de ces actes de force prouvera également Hercule.

—Loin de moi, jeune homme, lui répondis-je, de représenter Hercule dans aucun de ses travaux héroïques. Est-ce que l'aspect seul de ce corps ne vous les a pas déjà dits? Ne comprenez-vous donc pas, en voyant seulement ce bras, que tout tyran ou tout monstre devait sentir à l'instant le bras d'Hercule et la mort ?

Ne comprenez-vous pas enfin que tout acte pourrait rendre la force d'Hercule suspecte d'effort, et le dieu d'humanité ?

Mais, si mon ciseau n'a plus de force à ajouter à ce corps, il lui reste à faire sentir combien toute cette force est naturelle, c'est-à-dire qu'elle est divine.

Or, cet effet ne saurait être obtenu, ni par des développements de formes, ni par des actes de vigueur ; mais seulement par des contrastes.

Ce sont les contrastes qui montrent ce qui ne fait encore que de paraître, font briller ce qui ne fait encore que de se montrer : eux seuls détachent, sur le fond uniforme de l'étendue, la foule des êtres, les terminent, les éclairent et les séparent.

Sans les contrastes, l'univers entier ne serait qu'un seul être.

Ainsi donc, je vais tâcher de frapper tout ce sublime corps du contraste le plus lumineux, et voici dans quelle attitude il se dépouillera du marbre.

Debout, toutes les veines, tous les muscles et tous les membres en repos, la poitrine apaisée et aplanie, les jambes croisées devant lui négligemment, le bras gauche appuyé sur une massue, tenant derrière son dos, dans sa main droite qui vient d'étouffer le dragon des Hespérides, trois pommes d'or; sur un cou nerveux et flexible, il porte fièrement vers le ciel, et incline avec grâce à la terre, sa noble tête; la sérénité est sur le front, la majesté dans les traits, la paix de son ame et du monde dans ses sourcils abaissés; dans ses yeux de la rêverie, et le souris sur ses lèvres. Ciseau, arrête : ce marbre est Hercule.

— C'est l'Hercule du palais Farnèse, se sont écriés à l'instant les jeunes artistes. — Il est vrai, leur ai-je répondu, c'est l'Hercule du palais Farnèse.

L'Hercule du palais Farnèse est un des miracles immortels du ciseau grec.

Quelle raison ! quelle sensibilité ! quel génie a dû réunir l'artiste, et poëte, et savant, et philosophe, qui conçut et exécuta le dessein hardi d'allier à la beauté, objet essentiel de tous les beaux-arts, non pas seulement quelques-unes de ces qualités sympathiques qui recherchent en quelque sorte son alliance, telle que la tendresse, qui semble être une autre beauté ; ou la jeunesse, qui en est la fleur ; ou l'innocence, qui la pare ; ou la fierté, qui l'ennoblit ; ou la douleur, qui la rend sublime ; mais la force, la force, qui semblerait devoir être l'ennemie naturelle de la beauté.

Peut-on mieux comprendre la force que ne l'a fait ce sublime artiste, l'avoir mieux distinguée de l'effort, et même de la vigueur, qui lui ressemble ?

Voyez, en effet, comme chacun de

ces muscles savants est enflé, et comme aucun n'est tendu. Ce corps ne se repose pas, mais est seulement en repos ; ne s'appuie pas, mais est seulement appuyé ; la tête est d'une grosseur ordinaire, les bras seulement plus puissants.

Mais ce qui me paraît encore plus admirable, c'est la science profonde, et le choix heureux des contrastes. L'artiste avait bien compris que le contraste le plus propre à faire ressortir la force, c'était le calme ; la puissance, c'était la douceur ; la majesté, c'était le sourire.

Enfin, il n'y a pas dans tout ce marbre un coup de ciseau qui ne soit un trait de génie.

LETTRE LX.

A Rome.

Pourquoi ne vous parlerais-je pas de ce qu'est à Rome cette fleur qui, dans tous les pays du monde, a tant de prix; devant laquelle le cœur de l'adolescent commence à battre, l'imagination de l'homme s'enflamme encore, quand rien ne peut plus l'échauffer, et dont le souvenir quelquefois attendrit ou fait sourire le vieillard; pourquoi ne vous parlerais-je pas de la beauté des Romaines?

La beauté est rare ici, comme elle l'est partout ailleurs. La nature y manque souvent dans la composition de la femme, cette charmante combinaison de couleurs et de formes, que le regard de l'homme demande quand il aperçoit une femme.

La nature n'atteint guère ici la beauté, que dans le dessin du visage, et que dans celui de la main. Elle ébauche la taille; elle ne finit pas le sein : le pied surtout lui échappe. Elle ne fait pas non plus, également bien, toutes les espèces de fleurs, dans tous les pays du monde.

On prétend qu'elle rachète cette négligence, ou ce défaut d'industrie, à l'égard des Romaines, par la perfection des épaules ; mais je crois tout simplement que, si les épaules des Romaines paraissent plus belles, c'est qu'elles paraissent davantage ; peut-être aussi que l'embonpoint qui les gagne de très bonne heure les embellit en effet.

Quoi qu'il en soit, la nature ne saurait mettre plus à leur place, ni mieux accorder ensemble, le front, les yeux, le nez, la bouche, le menton, les oreilles, le cou ; elle ne saurait employer des formes ni plus pures, ni plus douces, ni plus correctes ; tous les détails sont finis, et l'ensemble est achevé. Quel teint! il est pétri de lys et de roses. Quel incarnat! on croit toujours que cette belle rougit un peu.

Une belle tête romaine étonne toujours, et tout entière vient frapper le cœur : le premier regard la saisit ; le moindre souvenir la rappelle.

Mais, comme tout est compensé dans ce monde, si une Romaine reçoit de la nature cette beauté, qui étonne et qu'on admire, elle n'en obtient point cette grâce, qui attendrit et qu'on aime. Si elle possède ces attraits constants, qui ne font d'une belle femme qu'une beauté, il lui manque ces grâces fugitives qui, d'une personne aimable, en font vingt. Vous aurez beau contempler ce visage un jour entier, ces beaux yeux n'auront qu'un regard, cette belle bouche n'aura qu'un sourire ; vous ne verrez jamais, sur ce front si pur, passer un plaisir ni une peine; jamais ces traits si accomplis légèrement ondulés, comme une eau vive, du mouvement insensible d'un sentiment tendre, ou d'une pensée délicate.

Au reste, il est difficile qu'une femme très sensible soit parfaitement belle. La sensibilité dérange nécessairement, par ses mouvements, les proportions de la figure; mais aussi, à la place de la beauté, elle met la physionomie.

Rien n'est plus rare que de rencontrer ici une figure qui touche, qui intéresse, où il y ait une ame.

Mais quelles belles mains! et de belles mains sont si belles! elles sont si rares!

La beauté, chez les Romaines, s'épanouit très promptement et à la fois. Ici, cette rose n'a point de boutons. Une Romaine, à quinze ans, est en pleine beauté; et, comme elle ne la cultive par aucun exercice, qu'elle l'accable de sommeil, qu'elle ne la soutient d'aucune contenance, l'embonpoint en surcharge, dans peu, tous les traits, et en disproportionne toutes les formes : au reste, c'est à cette même mollesse qui flétrira, en si peu de temps, toutes les délicatesses de sa figure, qu'elle est redevable de ces belles épaules qu'elle étale avec tant d'orgueil, et qu'elle prodigue au regard.

Une raison fait encore que la beauté passe, à Rome, rapidement : elle s'y tient toujours renfermée ; elle y est toujours à l'ombre. La beauté a besoin, comme les autres fleurs, des rayons du soleil.

Il faut dire aussi un mot de la voix des Romaines, car la voix est une grande partie du sexe. La voix d'une femme ! — Celle des Romaines ressemble à leur figure : elle est belle, mais elle n'a point d'ame ; elle a quelquefois les éclats de la passion, mais presque jamais ses accents. Enfin, qu'une Romaine chante devant vous, sa voix ne naîtra pas dans son cœur, et ne mourra pas dans le vôtre.

Cependant il y a des exceptions à tout ce que je viens de dire sur les Romaines. J'en connais au moins trois : *Teresa*, *Rosalinda*, et *Palmira P.....*

Il est vrai que, passant leur vie avec des étrangers, dans la maison de leur père, la coquetterie de leur sexe et la leur sont continuellement en haleine.

Teresa est Armide en miniature. *Palmira* eût ressemblé à Herminie, du temps d'Herminie. *Rosalinda* a quelque chose de toutes les femmes qui plaisent, dans tous les pays du monde. Elle remue la paupière, et c'est une grâce ; elle remue les lèvres, et c'est une grâce. Ces trois sœurs ont toutes des talents. Elles dansent..... avec une mollesse ! elles chantent..... avec une expression !

Mais en voilà assez sur la beauté des

Romaines; il ne faut point poser le doigt sur le duvet des fleurs, ni les respirer long-temps.

LETTRE LXI.

A Rome.

J'entre dans une église, et je lis, sur une colonne, cette bulle d'un pape:

A quiconque priera pour le roi de France, dix ans d'indulgence.

Louis XI, apparemment, régnait alors.

LETTRE LXII.

A Rome.

J'ai erré encore ce matin dans Rome moderne, pour chercher des restes de Rome antique.

Tout ce qu'on a pu exhumer de Rome antique s'est trouvé mutilé par les barbares, ou le fanatisme, ou le temps.

Cependant les Italiens le conservent, ce peu de débris, avec grand soin; non par goût, non par respect pour l'antiquité, mais seulement par avarice. Ce sont ces débris, en effet, qui attirent, de tous les coins du monde, cette foule d'étrangers dont la curiosité nourrit, depuis long-temps, les trois quarts de l'Italie.

*

Les Italiens entretiennent ces ruines, comme les mendiants entretiennent leurs plaies.

J'ai éprouvé je ne sais quelle sensation, en entrant dans un mausolée d'Auguste, en m'y promenant.

Ce magnifique palais de la mort renfermait un grand nombre d'appartements ; chaque membre de la famille d'Auguste avait le sien.

J'ai pris plaisir à fouler sous mes pieds des particules de cette poussière vaine et froide qui, un moment réunies, il y a environ deux mille ans, furent Octave.

Un théâtre est bâti sur ce mausolée. On y donne, de temps en temps, des combats de bêtes ; on entend des lions rugir dans cet antique silence de la mort.

Ce célèbre obélisque, conduit avec tant de peine et de frais, sous les Césars, des bords du Nil sur les bords du Tibre, tout écrit en caractères hiéroglyphiques

Pl. 13.

dont l'alphabet est perdu ; qui, au milieu des sept monts, élevant son front dans les airs, réfléchissait les rayons du soleil, et donnait l'heure à tout Rome : le voilà gisant dans un coin, tronqué par morceaux comme un cadavre, couvert de poussière et de fange, et de siècles qui le dévorent.

Il est séparé de sa base, qui gît aussi à quelque distance. On lit sur cette base :

SENATVS POPVLVSQVE ROMANVS ;

et immédiatement après :

VRBANVS, PONTIFEX MAXIMVS.

Rapprochement monstrueux ! Combien de siècles il étouffe !

De tout le *Forum* de Trajan, il ne subsiste plus que la colonne, qui présentait aux adorations de l'univers l'image de cet empereur.

Elle est debout; elle est intacte, si ce n'est qu'au lieu de Trajan, elle porte aujourd'hui saint Pierre.

Cette colonne est admirable par ses proportions, par sa forme, par sa sculpture. Toute la vie militaire de Trajan y est écrite en triomphes. Cette colonne offre, peut-être, mille personnages, parmi lesquels le crayon et le pinceau viennent choisir encore tous les jours des expressions, des attitudes et des formes.

Sa base est magnifique ; elle est revêtue de casques, de cuirasses, de glaives, d'une foule d'instruments de guerre. Mais le plus grand prix, le plus grand intérêt de ce monument superbe, c'est qu'il porte ton nom, ô Trajan !.... Il s'appelle la colonne *Trajane*.

Comment décrire les deux chevaux de marbre que l'on voit sur la place de *Monte Cavallo*, vis-à-vis le palais du pape, ainsi que les deux esclaves qui les conduisent ?

Ces deux groupes sont sublimes, et de pensée et d'exécution.

On lit sur la base de l'un : œuvre de Phidias ; et sur la base de l'autre : œuvre de Praxitèle. Ces inscriptions sont évidemment modernes, et cependant elles n'indignent point.

Ces chevaux, en effet, sont vraiment des chevaux, seulement d'une nature particulière, des chevaux de marbre.

Ces hommes-là des esclaves ! quels corps ! quelles têtes ! quelles jambes ! quels bras ! et puis quels corps ! Car c'est dans cet ordre-là qu'ils me frappent.

Mais comment cet esclave contiendra-t-il ce fier coursier, libre du frein et du mors ; qui frémit, qui bondit, qui se cabre ? — Il le regarde.

APPENDICES.

N° I.—Lettre 1re.

PREMIÈRE STANCE

DE LA XIVe CANZONE DE PÉTRARQUE.

Chiare, fresche e dolci acque,
Ove le belle membra
Pose colei che sola a me par donna !
Gentil ramo, ove piacque
(Con sospir mi rimembra)
A lei di fare al bel fianco colonna !
Erba, e fior, che la gonna
Leggiadra ricoverse
Con l'angelico seno !
Aer sacro sereno,
Ov' Amor co' begli occhi il cor m'aperse !
Date udienza insieme
Alle dolenti mie parole estreme.

Voici l'imitation, fort embellie, que Voltaire a donnée de ces beaux vers, dans lesquels il n'est pas certain que Pétrarque ait voulu peindre la fontaine de Vaucluse *a* :

> Claire fontaine, onde aimable, onde pure,
> Où la beauté qui consume mon cœur,
> Seule beauté qui soit dans la nature,
> Des feux du jour évitait la chaleur!
>   Arbre heureux dont le feuillage,
>   Agité par les zéphirs,
>   La couvrit de son ombrage,
>   Qui rappelle mes soupirs
>   En rappelant son image!
> Ornements de ces bords et filles du matin,
> Vous dont je suis jaloux, vous moins brillantes qu'elle, sein!
> Fleurs, qu'elle embellissait quand vous touchiez son
> Rossignol dont la voix est moins douce et moins belle!
> Air devenu plus pur! adorable séjour,
>   Immortalisé par ses charmes!
> Douce clarté des nuits, que je préfère au jour!
> Lieux dangereux et chers, où, de ses tendres armes,
>   L'Amour a blessé tous mes sens :
>   Écoutez mes derniers accents ;
>   Recevez mes dernières larmes.

---

a Essai sur les Mœurs et l'Esprit des nations, c. LXXXII.

N° II.—Lettre 1re.

LA FONTAINE DE VAUCLUSE.

IDYLLE.

Ce n'est pas seulement sur des rives fertiles
Que la nature plaît à notre œil enchanté :
    Dans les climats les plus stériles
Elle nous force encor d'admirer sa beauté.
Tempé nous attendrit ; Vaucluse nous étonne :
Vaucluse, horrible asile où Flore ni Pomone
N'ont jamais prodigué leurs touchantes faveurs,
Où jamais de ses dons la terre ne couronne
    L'espérance des laboureurs.
Ici, de toutes parts, elle n'offre à la vue
Que les monts escarpés qui bordent ces déserts,
    Et qui, se cachant dans la nue,
    Les séparent de l'univers.
Sous la voûte d'un roc, dont la masse tranquille
Oppose à l'aquilon un rempart immobile,
    Dans un majestueux repos,
Habite de ces bords la naïade sauvage :
Son front n'est point orné de flexibles roseaux,
    Et la pureté de ses eaux
Est le seul ornement qui pare son rivage.
    J'ai vu ses flots tumultueux
S'échapper de son urne en torrents écumeux ;
    J'ai vu ses ondes jaillissantes,
Se brisant à grand bruit sur des rochers affreux,

Précipiter leur cours vers des plaines riantes,
Qu'un ciel plus favorable éclaire de ses feux.
L'écho gémit au loin; Philomèle craintive
      Fuit, et n'ose sur cette rive
      Faire entendre ses doux accents.
L'oiseau seul de Pallas, dans les cavernes sombres,
Confond pendant la nuit, avec l'horreur des ombres,
      L'horreur de ses lugubres chants.
Déesse de ces bords, ma timide ignorance
N'ose lever vers vous des regards indiscrets :
Je ne veux point sonder les abîmes secrets
Où de l'astre du jour vous bravez la puissance *,
      Lorsque sa brûlante influence
Dessèche votre lit, ainsi que nos guérets.
Je ne demande point par quel heureux mystère
Chaque printemps vous voit plus belle que jamais,
      Tandis qu'au départ de Cérès
Vous nous offrez à peine une onde salutaire **.
Expliquez-moi plutôt les nouveaux sentiments
      Qui calment l'horreur de mes sens.
Quoi! ces tristes déserts, ces arides montagnes,
      L'aspect affreux de ces campagnes,
Devraient-ils inspirer de si doux mouvements?
Ah! sans doute, l'aurore y fait briller encore
Un rayon de ce feu que ressentit pour Laure
      Le plus fidèle des amants.
Pétrarque auprès de vous soupira son martyre;

* Au milieu du bassin de la fontaine il y a un gouffre dont on n'a jamais pu trouver le fond.

** La fontaine est très abondante en avril, et presqu'à sec en septembre.

Pétrarque y chanta sur sa lyre
Sa flamme et ses tendres souhaits ;
Et tandis que les cris d'une amante trahie,
Ou la voix de la perfidie,
Fatiguent nos coteaux, remplissent nos forêts,
Du sein de vos grottes profondes
L'écho ne répondit jamais
Qu'aux accents d'un amour aussi pur que vos ondes.
Trop heureux les amants, l'un de l'autre enchantés,
Qui, sur ces rochers écartés,
Feraient revivre encor cette tendresse extrême ;
Et dans une douce langueur,
Oubliés des humains, qu'ils oublieraient de même,
Suffiraient seuls à leur bonheur !
Mais, hélas ! il n'est plus de chaînes aussi belles ;
Pétrarque dans sa tombe enferma les Amours.
Nymphes, qui répétiez ses chansons immortelles,
Vous voyez tous les ans la saison des beaux jours
Vous porter des ondes nouvelles.
Les siècles ont fini leur cours,
Et n'ont point ramené des cœurs aussi fidelles.
Ah ! conservez du moins les sacrés monuments
Qu'il a laissés sur vos rivages,
Ces chiffres, de ses feux respectables garants,
Ces murs qu'il habitait, ces murs sur qui le temps
N'ose consommer ses outrages ;
Surtout que vos déserts, témoins de ses transports,
Ne recèlent jamais l'audace ou l'imposture ;
Et si quelqu'infidèle ose souiller vos bords,
Que votre seul aspect confonde le parjure,
Et fasse naître ses remords.

PAR MADAME VERDIER.

N° III.—Lettre 1re.

SUR LA FONTAINE DE VAUCLUSE.

Quel cœur sans être ému trouverait Aréthuse,
Alphée, ou le Lignon, toi surtout, toi, Vaucluse;
Vaucluse, heureux séjour, que sans enchantement
Ne peut voir nul poëte et surtout nul amant?
Dans ce cercle de monts qui, recourbant leur chaîne,
Nourrissent de leurs eaux ta source souterraine,
Sous la roche voûtée, antre mystérieux,
Où la nymphe, échappant aux regards curieux,
Dans un gouffre sans fond cache sa source obscure,
Combien j'aimais à voir ton eau qui, toujours pure,
Tantôt dans son bassin renferme ses trésors,
Tantôt, en bouillonnant, s'élève, et, de ses bords
Versant parmi des rocs ses vagues blanchissantes,
De cascade en cascade au loin rejaillissantes,
Tombe et roule à grand bruit; puis, calmant son courroux,
Sur un lit plus égal répand des flots plus doux;
Et, sous un ciel d'azur coule, arrose et féconde *b*

---

b Dans la première édition du poëme des *Jardins*, où cet épisode terminait le troisième chant, on lisait ainsi ce vers:

Et, sous un ciel d'azur, par vingt canaux féconde....

Le nouveau vers est bien préférable; il offre plus d'idées, il a plus de mouvement, et rappelle mieux l'effet du cours de la fontaine de Vaucluse et de la Sorgue.

Le plus riant vallon qu'éclaire l'œil du monde !
Mais ces eaux, ce beau ciel, ce vallon enchanteur,
Moins que Pétrarque et Laure intéressaient mon cœur.
La voilà donc, disais-je, oui, voilà cette rive
Que Pétrarque charmait de sa lyre plaintive !
Ici Pétrarque, à Laure exprimant son amour,
Voyait naître trop tard, mourir trop tôt le jour.
Retrouverai-je encor, sur ces rocs solitaires,
De leurs chiffres unis les tendres caractères ?
Une grotte écartée avait fixé mes yeux :
« Grotte sombre, dis-moi si tu les vis heureux, »
M'écriai-je ! Un vieux tronc bordait-il le rivage :
Laure avait reposé sous son antique ombrage.
Je redemandais Laure à l'écho du vallon ;
Et l'écho n'avait point oublié ce doux nom.
Partout mes yeux cherchaient, voyaient Pétrarque et Laure,
Et par eux ces beaux lieux s'embellissaient encore.

DELILLE, *Les Jardins*, ch. III, v. 507.

APPENDICES. 269

N° IV.—Lettre 1re.

LETTRE DE DU SAULX, *c*

QUI AVAIT VISITÉ VAUCLUSE EN 1764,

AU MOIS D'OCTOBRE. *d*

Vaucluse est un de ces prodiges de la nature auxquels l'art descriptif ne saurait atteindre. On entre d'abord dans une gorge de montagnes, ou plutôt de rochers taillés bizarrement. Après avoir fait quelques pas sur les bords de la rivière limpide et fleurie, qui prend sa source à deux ou trois cents pas, et qu'on appelle Sorgue, on aperçoit un pauvre village composé de quinze ou vingt maisons. Il est situé au pied d'un rocher qui sou-

---

c On lit cette lettre dans les notes du chant VII du poëme des Mois, dans lequel Roucher chante aussi Vaucluse ; mais, comme il n'avait pas vu cette fontaine célèbre, sa description a peu de mérite : et c'est là le motif qui nous a déterminés à ne pas l'insérer ici.

d A cette époque, les eaux sont fort basses, et l'on peut alors voir la plus grande partie du gouffre.

tient les débris d'un petit château, que la tradition populaire fait passer pour la demeure de Pétrarque; elle dit même que le château de Laure était dans les montagnes voisines, et que les deux amants s'entretenaient par signaux.

On prend sur le village, à gauche, un sentier pierreux, qui est frayé entre les rochers et la cascade. On s'avance en tournant, et l'on admire des deux côtés un nombre infini de tuyaux naturels, qui fournissent assez d'eau pour avoir contraint de bâtir un pont à trois cents pas. On croit voir, non pas la seule fontaine de Vaucluse, mais vingt fontaines, dont chacune mérite d'avoir sa nymphe particulière. On redouble sa marche, et tout à coup s'offre l'image de l'Averne.

Un rocher large, et qui s'élève à plus de cent pieds, est le sublime portique de cette source merveilleuse. Quand les eaux sont hautes, il n'est pas possible d'approcher aussi près que nous l'avons fait mon ami et moi. Mais, si nous avons été privés d'un spectacle brillant, du moins avons-nous joui d'un genre de beautés imposant et terrible. Au pied de ce rocher, qui ressemble assez à un portail gothique, sont plusieurs voûtes concentriques. Le véritable gouffre est dans l'endroit le plus bas. La limpidité de l'eau laisse entrevoir des sinuosités encore plus profondes. Nous étions situés, pour considérer l'abîme, à la tête du lit de rochers. Conçoit-on que, de ce point, il y a plus de cent pieds de profondeur, et que, pour que la cascade ait lieu, il faut que le torrent s'élève à plus de cent cinquante ? Quand on a la face tournée vers la fontaine, on lit, à gauche, une inscription gravée sur le roc, qui explique la crue et la diminution des eaux. Ce gouffre, dont on n'a jamais pu constater la profondeur, est certainement ce qu'il y a de plus curieux ; mais je ne veux point oublier l'arrangement des rochers.

Il semble que la nature, sensible à la beauté de son ouvrage, se soit épuisée à le décorer. Des pyramides, des obélisques, tout ce que l'architecture offre de plus rare, se trouvent placés dans un ordre sublime et dans une gradation qui ménage le plus de surprises. Il faudrait passer huit jours dans cette grotte pour en rendre compte d'une manière satisfaisante. Mon ami lui-même, qui n'est pas un voyageur actif, fut tellement saisi d'admiration, que, dans son enthousiasme, il me proposa de gravir le sommet des montagnes qui nous environnaient. Il oublie que la montagne est presque à pic, et que du sommet jusqu'au fond du gouffre il n'y a qu'un sentier large de deux pieds, où rien ne pourrait nous retenir si le pied nous manquait. Le voilà qui gravit ; je le suis. Au bout de dix minutes, je tourne la tête : il me semble que je suis au milieu d'un entonnoir dont l'abîme est le centre. En effet, les cailloux, qui fuyaient sous nos pas, allaient tout droit s'y précipiter. Sur le champ, je me retourne tout doucement ; je m'assieds, et me laisse glisser jusqu'à mon salutaire sentier, que j'arrosai de ma sueur. Mon ami fit encore de grands efforts pour s'élever plus haut ; mais enfin il comprit que la mobilité de ce plan incliné ne lui permettrait jamais d'arriver à son but. Il fallut descendre : sans cela, j'aurais eu peut-être le désespoir de le voir tomber dans cet horrible gouffre, ainsi que certaines pierres que nous y lançâmes, et que nous apercevions encore pirouetter après quelques minutes.

N° V.—Lettre VI.
SONNET DE FILICAJA *e*

A L'ITALIE.

Italia! Italia! o tu, cui feo la sorte
Dono infelice di bellezza ; onde hai
Funesta dote d'infiniti guai,
Che in fronte scritti per gran doglia porte!

e Ce sonnet est le quatre-vingt-septième des Poésies de Filicaja.

Deh! fossi tu men bella, o almen più forte;
Onde assai più ti paventasse, o assai
T'amasse men chi del tuo bello a i rai
Par, che si strugga, e pur ti sfida a morte!

Che or giù dall'Alpi non vedrei torrenti
Scender d'armati, ne di sangue tinta
Bever l'onda del Pò Gallici armenti;

Ne te vedrei del non tuo ferro cinta
Pugnar col braccio di straniere genti
Per servir sempre, o vincitrice, o vinta.

IMITATION.

Italie! Italie! à qui la destinée,
A fait de la beauté le présent malheureux,
D'innombrables chagrins la trace infortunée
Se lit en traits de deuil sur ton front douloureux.

Ah! que n'es-tu moins belle, ou que n'es-tu plus forte?
Inspire moins d'amour, inspire plus d'effroi
A l'avide étranger qui s'élance vers toi,
Épris de ces beautés dont l'attrait le transporte.

On ne les verrait plus, instruments d'épouvante,
Ces coursiers, ces soldats, ces cruels bataillons,
Qui viennent, d'Éridan buvant l'onde sanglante,
Rouler, comme un torrent, du sommet de tes monts.
Par le fer étranger sans cesse profanée,
On ne te verrait plus, sur tes propres sillons,
Triomphante ou vaincue, à servir condamnée.

L. D. B.

N° VI.—Lettre VI.

SONNET D'ALFIERI

SUR LES ITALIENS.

Ai Fiorentini il preggio del bel dire;
'Ai Romaneschi quel di male oprare;
Napoletani mastri in schiamazzare;
E i Genovesi di fame patire.

I Torinesi ai vizj altrui scoprire;
I Veneziani han gusto a lasciar fare;
I buoni Milanesi a banchettare;
Lor ospiti i Lucchesi a infastidire.

Tale d'Italia e la primaria gente,
Smembrata tutta, e d'indole diversa,
Sol concordando appieno in non far niente.

Nell' ozio e ne' piacer nojosi immersa,
Negletta giace, e sua viltà non sente;
Fin sopra il capo entro a Lete summersa.

IMITATION.

Des Florentins le beau parler se prise;
Le Romanesque ƒ a mauvaise entreprise;

ƒ Alfieri, qui méprisait fort *les Italiens de Rome*, comme disait Duclos, n'a pas osé non plus les appeler Romains. Il se

APPENDICES.

Napolitains vont clabaudant sans fin ;
Génois sont prêts à succomber de faim ;
De l'étranger Turin gagne les vices ;
Le Vénitien laisse faire par goût ;
Milan de table aime fort les délices ;
Chez les Lucquois l'ennui s'étend à tout.

De l'Italie, en bref, telle est l'élite,
Et démembrée, et brisée, et détruite ;
D'humeurs diverses ; en un point s'accordant,
Savoir, celui de n'avoir rien à faire.
Un vil loisir, un plaisir fatigant
L'empêche un peu de sentir sa misère :
De tout son corps, par grangrène infecté,
Elle se plonge aux ondes du Léthé.

L. D. B.

sert d'une expression vitupérative dont la finale indique le mépris, comme dans Soldatesque, Pédantesque, etc. On verra, dans le sonnet suivant (pag. 296, n° xii), comme il peint Rome et tout ce qui la compose. Le sonnet sur les Italiens est le cent quarante-troisième dans ses Poésies.

N° VII.—Lettre vi.

VERS

DU CHEVALIER DE BERTIN A L'ABBÉ DELILLE,

SUR UN VOYAGE QU'IL PROJETAIT DE FAIRE

EN ITALIE *g*.

Tu les verras ces superbes remparts,
Trône immortel de l'antique Ausonie ;
Ce ciel heureux, propice à l'harmonie,
Au goût des vers, aux talents, aux beaux-arts ;
Ces monuments, et ces marbres épars,
Où des Romains respirent le génie
Et la grandeur du second des Césars.

J'admire sur tes pas ces ruines fatales,
Ces temples orgueilleux que la mousse a couverts,
Ce théâtre où Mécène eût applaudi tes vers,
Et du fier Agrippa les voûtes triomphales.
Là, Brutus au sénat poignardait un tyran ;
Là, respirait Titus, l'amour de l'Italie,
    Là, Jupiter tonnait au Vatican ;
    Là, fut surpris Ovide avec Julie.
Volons au Champ-de-Mars, au Cirque plus vanté ;
Volons aux jeux guerriers inventés dans la Grèce.

g OEuvres de Bertin, tom. II.

Je vois une ardente jeunesse,
Qu'indigne son oisiveté,
Presser les flancs poudreux d'un coursier indompté,
Déployer en luttant sa nerveuse souplesse,
Et rapporter aux pieds d'une fière maîtresse
Le prix de la valeur et non de la beauté.

Oh ! que ne suis-je assis aux bois de Lucrétile,
Au fond de ces jardins, au profane inconnus,
Où ta muse autrefois, sous le nom de Virgile,
Aux sons harmonieux d'un vers pur et facile,
Au milieu des festins, charmait Ligurinus.

Cascades de Tibur, ombrages d'Albunée,
Qui vous voit, malgré lui doit chanter ses amours.
Dans votre enceinte fortunée
On dit qu'au déclin des beaux jours,
L'ombre d'Horace, encor de roses couronnée,
Suit toujours Lalagé, qui s'échappe toujours.

N° VIII.—Lettre vi.

SUR L'ITALIE.

Salve, cura deûm, mundi felicior ora !
Formosæ Veneris dulces salvete recessus !
Ut vos post tantos animi mentisque labores
Adspicio, lustroque libens ; ut munere vestro
Sollicitas toto depello pectore curas !...

Par ANDRÉ NAVAGERO, à son retour
de son ambassade en Espagne.

SUR ROME.

Qui Romam in mediâ queris novus advena Româ,
  Et Romæ in Româ nil reperis mediâ ;
Adspice murorum moles, præruptaque saxa,
  Obrutaque horrenti vasta theatra situ.
Hæc sunt Romæ, viden, velut ipsa cadavera ; tantæ
  Urbis adhuc spirent imperiosa minas !
Nunc victâ in Româ victrix Roma illa sepulta est ;
  Atque eadem victrix victaque Roma fuit.
Albula Romani restat nunc nominis index,
  Qui quoque nunc rapidis fertur in æquor aquis.
Disce hinc quid possit fortuna : immota labascunt,
  Et quæ perpetuò sunt agitata, manent.

Par JEAN VITALI, de Palerme.

SUR LES VILLES D'ITALIE.

Tiré de l'*Antidotum Melancholiæ*. — Francfort, 1667.

Contemnunt omnes Anconæ moenia Turcas.
Omnibus exponit gladios Aretium acutos.
Fructibus, anseribus, pomis Arimenia abundat.
Assisium sancti Francisci corpore gaudet.
Civibus humanis decorata est Asta fidelis.

Excellit studiis jucunda Bononia cunctis.
Brixia, dives opum, parcè succurrit egenis.

Dulcia felicem cingunt vineta Cesennam.
Hospitibus Comum pisces cum carnibus offert.
Maxima pars hominum miseram canit esse Cremonam.

Rustica frugales nutrit Dertona colonos.

Emporiæ in portis consistit gloria clausis.

Fanum virginibus fertur florere venustis.
Nota est fictilibus figlina Faventia vasis.
Exhaurit loculos Ferraria ferrea plenos.

Imola divisa est : nocet hæc divisio multis.

Urbs Livii celebris nimis est proclivis ad arma.
Libera Luca tremit ducibus vicina duobus.

Litibus imponit finem Macerata Picenis.
Mantua gaudet equis, ortu decorata Maronis.
Est Mediolanum jucundum, nobile, magnum.
Mordicus urbs Mutinæ ranas tenet esse salubres.

Naria promittens epulas dabit ova vetusta.
Spernit mundanas sincera Novaria fraudes.

Extollit Paduam juris studium et medicinæ.
Italicos versus præfert Papia latinis.
Commendant Parmam lac, caseus atque butyrum.
Inclyta Parthenope gignit comitesque ducesque.
Pergamum ab incultâ dictum est ignobile linguâ.
Militibus validis studiosa Perusia claret.
Flent Pisæ amissum, dum contemplantur, honorem.
Omnes commendant ficos grossosque Pisauri.
Castaneis, oleo, tritico Pistorium abundat.

Non caret hospitiis perpulchra Placentia caris.
Laus Pompeia boves pingues producit ovesque.

Postponit Rhegium cornuta animalia porcis.
Sancta es sanctorum pretioso sanguine, Roma.

Divitias studiis querit Savona relictis.
Illustrat Senas patriæ facundia linguæ.
Sena tenet portum, mercesque, domosque superbos.
Spoletum clamat : Peregrini, intrate! manete!

Tarvisium exhilarunt nitido cum flumine fontes.
Taurinum exornant virtus, pietasque fidesque.
Concilium illustrat sanctam generale Tridentum.

Urbinum statuit ducibus clamare : Valete !
Vina Uzini varias generosa vehuntur ad urbes.

Cingitur urbs Venetum pelago ditissima nummis.
Vercellæ lucro non delectatur iniquo.
Verona humanæ dat singula commoda vitæ.
Permultos comites Vicentia nutrit egenos.
Sancta patent cunctis peregrinis claustra Viterbi.

N° X.—Lettre VI.

IMPROVISATION DE CORINNE

AU CAPITOLE. *h*

Italie, empire du soleil! Italie, maîtresse du monde! Italie, berceau des lettres! je te salue. Combien de fois la race humaine te fut soumise, tributaire de tes armes, de tes beaux-arts et de ton ciel!

Un dieu quitta l'Olympe pour se réfugier en Ausonie. L'aspect de ce pays fit rêver les vertus de l'Age d'Or; et l'homme y parut trop heureux pour l'y supposer coupable.

Rome conquit l'univers par son génie, et fut reine par la liberté. Le caractère romain s'imprima sur le monde; et l'invasion des barbares, en détruisant l'Italie, obscurcit l'univers entier.

L'Italie reparut avec les divers trésors que les Grecs fugitifs rapportèrent dans son sein; le Ciel lui révéla ses lois; l'audace de ses enfants décou-

---

h Corinne, ou *l'Italie*, par madame de Staël-Holstein. Liv. II, chap. 3.

vrit un nouvel hémisphère. Elle fut reine encore par le sceptre de la pensée; mais ce sceptre de lauriers ne fit que des ingrats.

L'imagination lui rendit l'univers, qu'elle avait perdu. Les peintres, les poëtes, enfantèrent pour elle une terre, un Olympe, des enfers et des cieux; et le feu qui l'anime, mieux gardé par son génie que par le dieu des païens, ne trouva point dans l'Europe un Prométhée qui le ravît.

Pourquoi suis-je au Capitole? Pourquoi mon humble front va-t-il recevoir la couronne que Pétrarque a portée, et qui reste suspendue au cyprès funèbre du Tasse? Pourquoi?... Si vous n'aimiez assez la gloire, ô mes concitoyens, pour récompenser son culte autant que ses succès....

Eh bien! si vous l'aimez cette gloire, qui choisit trop souvent ses victimes parmi les vainqueurs qu'elle a couronnés, pensez avec orgueil à ces siècles qui virent la renaissance des arts. Le Dante, l'Homère des temps modernes, poëte sacré de nos mystères religieux, héros de la pensée, plongea son génie dans le Styx pour aborder à l'Enfer, et son ame fut profonde comme les abîmes qu'il a décrits.

L'Italie, au temps de sa puissance, revit tout entière dans le Dante. Animé par l'esprit des républiques, guerrier aussi-bien que poëte, il souffle la flamme des actions parmi les morts, et ses Ombres ont une vie plus forte que les vivants d'aujourd'hui.

Les souvenirs de la terre les poursuivent encore; leurs passions sans but s'acharnent à leur cœur; elles s'agitent sur le passé, qui leur semble encore moins irrévocable que leur éternel avenir.

On dirait que le Dante, banni de son pays, a transporté, dans les régions imaginaires, les peines qui le dévoraient. Ses Ombres demandent sans cesse des nouvelles de l'existence, comme le poëte lui-même s'informe de sa patrie, et l'Enfer s'offre à lui sous les couleurs de l'exil.

Tout à ses yeux se revêt du costume de Florence. Les morts antiques qu'il évoque semblent renaître aussi Toscans que lui. Ce ne sont point les bornes de son esprit, c'est la force de son ame qui fait entrer l'univers dans le cercle de sa pensée.

Un enchaînement mystique de Cercles et de Sphères le conduit au Purgatoire, du Purgatoire au Paradis. Historien fidèle de sa vision, il inonde de clarté les régions les plus obscures; et le monde, qu'il crée dans son triple poëme, est complet, animé, brillant comme une planète nouvelle aperçue dans le firmament.

A sa voix, tout sur la terre se change en patrie; les objets, les idées, les lois, les phénomènes, semblent un nouvel Olympe de nouvelles divinités ; mais cette mythologie de l'imagination s'anéantit comme le paganisme, à l'aspect du Paradis, de cet océan de lumières, étincelant de rayons et d'étoiles, de vertus et d'amour.

Les magiques paroles de notre plus grand poëte sont le prisme de l'univers : toutes ses merveilles s'y réfléchissent, s'y divisent, s'y recomposent ; les sons imitent les couleurs ; les couleurs se fondent en harmonie ; la rime, sonore ou bizarre, rapide ou prolongée, est inspirée par cette divination poétique, beauté suprême de l'art, triomphe du génie, qui découvre dans la nature tous les secrets en relation avec le cœur de l'homme.

Le Dante espérait de son poëme la fin de son exil ; il comptait sur la Renommée pour médiateur ; mais il mourut trop tôt pour recueillir les palmes de la patrie. Souvent la vie passagère de l'homme s'use dans les revers ; et, si la gloire triomphe, si l'on aborde enfin sur une plage plus heureuse, la tombe s'ouvre derrière le port, et le Destin à mille formes annonce souvent la fin de la vie par le retour du bonheur.

Ainsi, le Tasse infortuné, que vos hommages, Romains, devaient consoler de tant d'injustices, beau, sensible, chevaleresque, rêvant les exploits, éprouvant l'amour qu'il chantait, s'approcha de ces murs, comme ses héros de Jérusalem, avec respect et reconnaissance. Mais, la veille du jour choisi pour le couronner, la Mort l'a réclamé pour sa terrible fête : le ciel est jaloux de la terre, et rappelle ses favoris des rives trompeuses du temps.

Dans un siècle plus fier et plus libre que celui du Tasse, Pétrarque fut aussi, comme le Dante, le poëte valeureux de l'indépendance italienne. Ailleurs, on ne connaît de lui que ses amours; ici, des souvenirs plus sévères honorent à jamais son nom, et la patrie l'inspira mieux que Laure elle-même.

Il ranima l'antiquité par ses veilles; et, loin que son imagination mît obstacle aux études les plus profondes, cette puissance créatrice, en lui soumettant l'avenir, lui révéla les secrets des siècles passés. Il éprouva que connaître sert beaucoup pour inventer; et son génie fut d'autant plus original, que, semblable aux forces éternelles, il sut être présent à tous les temps.

Notre air serein, notre climat riant ont inspiré l'Arioste. C'est l'arc-en-ciel qui parut après nos longues guerres. Brillant et varié comme le messager du beau temps, il semble se jouer familièrement avec la vie, et sa gaieté légère et douce est le sourire de la nature et non pas l'ironie de l'homme.

Michel-Ange, Raphaël, Pergolèse, Galilée, et vous, intrépides voyageurs, avides de nouvelles contrées, bien que la nature ne pût vous offrir rien de plus beau que la vôtre! joignez aussi votre gloire à celle des poëtes. Artistes, savants, philosophes, vous êtes, comme eux, enfants de ce soleil, qui tour à tour développe l'imagination, anime la pensée, excite le courage, endort dans le bonheur, et semble tout promettre ou tout faire oublier.

Connaissez-vous cette terre où les orangers fleurissent, que les rayons des cieux fécondent avec amour? Avez-vous entendu les sons mélodieux qui célèbrent la douceur des nuits? Avez-vous respiré ces parfums, luxe de l'air déjà si pur et si doux? Répondez, étrangers! La nature est-elle chez vous belle et bienfaisante?

Ailleurs, quand des calamités sociales affligent un pays, les peuples doivent s'y croire abandonnés par la Divinité; mais ici nous sentons toujours la protection du Ciel; nous voyons qu'il s'intéresse à l'homme, et qu'il a daigné le traiter comme une noble créature.

Ce n'est pas seulement de pampres et d'épis que notre nature est parée; mais elle prodigue sous les pas de l'homme, comme à la fête d'un souverain, une abondance de fleurs et de plantes inutiles, qui, destinées à plaire, ne s'abaissent point à servir.

Les plaisirs délicats, soignés par la nature, sont goûtés par une nation digne de les sentir. Les mots les plus simples lui suffisent; elle ne s'enivre point aux fontaines de vin que l'abondance lui prépare : elle aime son soleil, ses beaux-arts, ses monuments, sa contrée tout à la fois antique et printanière; les plaisirs rafinés d'une société brillante, les plaisirs grossiers d'un peuple avide, ne sont pas faits pour elle.

Ici les sensations se confondent avec les idées; la vie se puise tout entière à la même source, et l'ame, comme l'air, occupe les confins de la terre et du ciel. Ici le génie se sent à l'aise, parce que la rêverie y est douce; s'il agite, elle calme; s'il regrette un but, elle lui fait don de mille chimères; si les hommes l'oppriment, la nature est là pour l'accueillir.

Ainsi toujours elle répare, et sa main secourable guérit toutes les blessures. Ici l'on se console des peines même du cœur, en admirant un Dieu de bonté, en pénétrant le secret de son amour; les revers passagers de notre vie éphémère se perdent dans le sein fécond et majestueux de l'immortel univers.

Il est des peines cependant que notre ciel consolateur ne saurait effacer; mais dans quel séjour les regrets peuvent-ils porter à l'ame une impression plus douce et plus noble que dans ces lieux?

Ailleurs, les vivants trouvent à peine assez de place pour leurs rapides courses et leurs ardents désirs; ici, les ruines, les déserts, les palais inhabités, laissent aux ombres un vaste espace. Rome maintenant n'est-elle pas la patrie des tombeaux?

Le Colisée, les obélisques, toutes les merveilles qui, du fond de l'Égypte et de la Grèce, de l'extrémité des siècles, depuis Romulus jusqu'à Léon X, se sont réunies ici, comme si la grandeur attirait la grandeur, et qu'un même lieu dût renfermer tout ce que l'homme a pu mettre à l'abri du temps, toutes ces merveilles sont consacrées aux monuments funèbres. Notre indolente vie est à peine aperçue; le silence des vivants est un hommage pour les morts : ils durent, et nous passons.

Eux seuls sont honorés; eux seuls sont encore célèbres ; nos destinées obscures relèvent l'éclat de nos ancêtres; notre existence actuelle ne laisse debout que le passé; il ne se fait aucun bruit autour des souvenirs! Tous nos chefs-d'œuvre sont l'ouvrage de ceux qui ne sont plus; et le génie lui-même est compté parmi les illustres morts.

Peut-être un des charmes secrets de Rome est-il de réconcilier l'imagination avec le long sommeil. On s'y résigne pour soi; l'on en souffre moins pour ce qu'on aime. Les peuples du midi se représentent la fin de la vie sous des couleurs moins sombres que les habitants du nord. Le soleil, comme la gloire, réchauffe même la tombe.

Le froid et l'isolement du sépulcre sous ce beau ciel, à côté de tant d'urnes funéraires, poursuivent moins les esprits effrayés. On se croit attendu par la foule des ombres; et de notre ville solitaire à notre ville souterraine, la transition semble assez douce.

Ainsi, la pointe de la douleur est émoussée, non que le cœur soit blasé, non que l'ame soit aride; mais une harmonie plus parfaite, un air plus odoriférant, se mêlent à l'existence. On s'abandonne à la nature avec moins de crainte, à cette nature dont le Créateur a dit: Les lis ne travaillent ni ne filent; et cependant quels vêtements des rois pourraient égaler la magnificence dont j'ai revêtu ces fleurs?

N° XI. — Lettre XXVII.

SUR FLORENCE.

CORINE, LIVRE XVIII, CHAP. 2 ET 3.

La Toscane est un pays très cultivé et très riant; mais il ne frappe point l'imagination comme les environs de Rome. Les Romains ont si bien effacé les institutions primitives du peuple qui habitait jadis la Toscane, qu'il n'y reste presque plus aucune des antiques traces qui inspirent tant d'intérêt pour Rome et pour Naples. Mais on y remarque un autre genre de beautés historiques : ce sont les villes qui portent l'empreinte du génie républicain du moyen âge. A Sienne, la place publique où le peuple se rassemblait, le balcon d'où son magistrat le haranguait, frappent les voyageurs les moins capables de réflexion : on sent qu'il a existé là un gouvernement démocratique.

C'est une jouissance véritable que d'entendre les Toscans, de la classe même la plus inférieure. Leurs expressions, pleines d'imagination et d'élégance, donnent l'idée du plaisir qu'on devait goûter dans la ville d'Athènes, quand le peuple parlait ce grec harmonieux qui était comme une musique continuelle. C'est une sensation très singulière, de se croire au milieu d'une nation dont tous les individus seraient également cultivés, et paraîtraient tous de la classe supérieure : c'est du moins l'illusion que fait pour quelques moments la pureté du langage.

L'aspect de Florence rappelle son histoire avant l'élévation des Médicis à la souveraineté. Les palais des familles principales sont bâtis comme des espèces de forteresses, d'où l'on pouvait se défendre. On voit encore, à l'extérieur, les anneaux de fer auxquels les étendards de chaque parti devaient être attachés. Enfin, tout y était arrangé bien plus pour maintenir les forces individuelles, que pour les réunir toutes dans l'intérêt commun. On dirait que la ville est bâtie pour la guerre civile. Il y a des tours au Palais de Justice, d'où l'on pouvait apercevoir l'approche de l'ennemi, et s'en défendre. Les haines entre les familles étaient telles, qu'on voit des palais bizarrement construits, parce que leurs possesseurs n'ont pas voulu qu'ils s'étendissent sur le sol où des maisons ennemies avaient été rasées. Ici les Pazzi ont conspiré contre les Médicis; là, les Guelfes ont assassiné les Gibelins; enfin, les traces de la lutte et de la rivalité sont partout. Mais à présent, tout est rentré dans le sommeil; et les pierres des édifices ont seules conservé quelque physionomie. On ne se hait plus, parce qu'on n'a plus rien à prétendre, qu'un état sans gloire comme sans puissance n'est plus disputé par ses habitants. La vie qu'on mène à Florence, de nos jours, est singulièrement monotone : on va se promener tous les après-midi sur les bords de l'Arno ; et le soir, l'on se demande les uns aux autres si l'on y a été....

Corinne se trouva devant les fameuses portes d'airain, sculptées par Ghiberti, pour le Baptistère de Saint-Jean, qui est à côté de la cathédrale de Florence.

Elle examina quelque temps ce travail immense, où des nations de bronze, dans des proportions très petites mais très distinctes, offrent une multitude de physionomies variées, qui toutes expriment une pensée de l'artiste, une conception de son esprit....

C'est dans cette cathédrale que Julien de Médicis a été assassiné. Non loin de là, dans l'église de Saint-Laurent, on voit la chapelle en marbre, enrichie de pierreries, où sont les tombeaux des Médicis, et les statues de Julien et de Laurent, par Michel-Ange. Celle de Laurent de Médicis, méditant la vengeance de l'assassinat de son frère, a mérité l'honneur d'être appelée la Pensée de Michel-Ange. Au pied de ces statues sont l'Aurore et la Nuit; le réveil de l'une, et surtout le sommeil de l'autre, ont une expression remarquable. Un poëte fit des vers sur la statue de la Nuit, qui finissaient par ces mots : « Bien qu'elle dorme, » elle vit; réveille-la, si tu ne le crois pas; elle te » parlera. » Michel-Ange, qui cultivait les lettres, sans lesquelles l'imagination en tout genre se flétrit vite, répondit au nom de la Nuit :

> Grato m' è il sonno, e più l'esser di sasso.
> Mentre che il danno e la vergogna dura,
> Non veder, non sentir m' è gran ventura:
> Però non mi destar; deh ! parla basso. *

Michel-Ange est le seul sculpteur des temps modernes qui ait donné à la figure humaine un caractère qui ne ressemble ni à la beauté antique, ni à l'affectation de nos jours. On croit y voir l'esprit du moyen âge, une ame énergique et sombre, une activité constante, des formes très prononcées, des traits qui portent l'empreinte des passions, mais ne retracent point l'idéal de la beauté. Michel-Ange est le génie de sa propre

* TRADUCTION.—Il m'est doux de dormir, et plus doux d'être de marbre. Aussi long-temps que dure l'injustice et la honte, ce m'est un grand bonheur de ne pas voir et de ne pas entendre. Ainsi donc ne m'éveille point; de grâce, parle bas.

*

école; car il n'a rien imité, pas même les anciens.

Son tombeau est dans l'église de *Santa-Croce*. Il a voulu qu'il fût placé en face d'une fenêtre, d'où l'on pouvait voir le dôme, bâti par Filippo Brunelleschi, comme si ses cendres devaient tressaillir encore sous le marbre, à l'aspect de cette coupole, modèle de celle de Saint-Pierre. Cette église de *Santa-Croce* contient la plus brillante assemblée de morts qui soit peut-être en Europe.

Corinne se sentit profondément émue en marchant entre ces deux rangées de tombeaux. Ici, c'est Galilée, qui fut persécuté par les hommes pour avoir découvert les secrets du ciel; plus loin, Machiavel, qui révéla l'art du crime plutôt en observateur qu'en criminel, mais dont les leçons profitent davantage aux oppresseurs qu'aux opprimés; l'Arétin, cet homme qui a consacré ses jours à la plaisanterie, et n'a rien éprouvé sur la terre de sérieux que la mort; Boccace, dont l'imagination riante a résisté aux fléaux réunis de la guerre civile et de la peste; un tableau en l'honneur du Dante, comme si les Florentins, qui l'ont laissé périr dans le supplice de l'exil, pouvaient encore se vanter de sa gloire *; enfin, plusieurs autres

* Après la mort du Dante, les Florentins, honteux de l'avoir laissé périr loin de son séjour natal, en-

noms honorables se font aussi remarquer dans ce lieu : des noms célèbres pendant leur vie, mais qui retentissent plus faiblement de générations en générations, jusqu'à ce que leur bruit s'éteigne entièrement *.

voyèrent une députation au pape, pour le prier de leur rendre ses restes ensevelis à Ravenne ; mais le pape s'y refusa, trouvant, avec raison, que le pays qui avait donné asile à l'exilé était devenu sa patrie, et ne voulant point se dessaisir de la gloire attachée à posséder son tombeau.

* Alfieri dit que c'est en se promenant dans l'église de *Santa-Croce*, qu'il sentit pour la première fois l'amour de la gloire; et c'est là qu'il est enseveli. L'épitaphe, qu'il avait composée d'avance pour sa respectable amie, madame la comtesse Albani, et pour lui, est la plus touchante et la plus simple expression d'une amitié longue et parfaite.

N° XII.—Lettre XLIV.

SONNET D'ALFIERI.

Seizième de ses Poésies.

ROME.

Vuota insalubre region, che stato
Ti vai nomando; aridi campi incolti;
Squallidi oppressi estenuati volti
Di popol rio codardo e insanguinato;

Prepotente e non libero senato
Di vili astuti in lucid' ostro involti;
Ricchi patrizzi, e, più che ricchi, stolti;
Prence, cui fa sciocchezza altrui beato;

Città, non cittadini; augusti tempj,
Religion non già; leggi, che ingiuste
Ogni lustro cangiar vede, ma in peggio;

Chiavi, che compre un dì schiudeano agli empj
Del ciel le porte, or per età vetuste:
Oh! se' tu Roma, o d'ogni vizio il seggio?

TRADUCTION.

Insalubre désert, qui te dis un état;
Sol inculte et hideux, chaque jour plus aride;
Peuple si bassement poltron et scélérat;
Canaille sanguinaire, opprimée et livide!

De cafards empourprés arbitraire sénat,
Qui partages les fers des lâches que tu guides ;
Patriciens dorés, moins riches que stupides ;
Prince qui dois aux sots ta force et ton éclat !

Temples saints, où la Foi n'est plus qu'une ruine ;
Lois qui, changeant toujours, changez de mal en pis ;
Cité sans citoyens ; troupe sans discipline ;

Double clef qui, faussée et vendue à tout prix,
A d'ignobles coquins ouvre le paradis :
Es-tu Rome, ou du vice es-tu donc la sentine ?

L. D. B.

N° XIII.—Lettre XLIV.

VERS DE BERTIN *i*

SUR ROME.

. . . .
Le Zéphyr règne dans les airs ;
Et, mollement porté sur la mer de Tyrrène,
Je découvre déjà la ville des Césars ;
Rome, en guerriers fameux autrefois si féconde ;
Rome, encore aujourd'hui l'empire des beaux-arts,
L'oracle de vingt rois et le temple du monde.
Voilà donc les foyers des fils de Scipion
Et des fiers descendants du demi-dieu du Tibre !
Voilà ce Capitole et ce beau Panthéon

i Les Amours, liv. II, Élég. XI.

Où semble encore errer l'ombre d'un peuple libre !
Oh ! qui me nommera tous ces marbres épars,
Et ces grands monuments dont mon ame est frappée !
Montons au Vatican, courons au Champ-de-Mars,
Au portique d'Auguste, à celui de Pompée.
Sont-ce là les jardins où Catulle autrefois
Se promenait le soir à côté d'Hypsithille ?
Citoyens, s'il en est que réveille ma voix,
Montrez-moi la maison d'Horace et de Virgile.
   Avec quel doux saisissement,
  Ton livre en main, voluptueux Horace,
Je parcourrai ces bois et ce coteau charmant
Que ta muse a décrits dans des vers pleins de grâce,
De ton goût délicat éternel monument.
   J'irai dans tes champs de Sabine,
  Sous l'abri frais de ces longs peupliers
   Qui couvrent encor la ruine
De tes modestes bains, de tes humbles celliers :
   J'irai chercher d'un œil avide,
De leurs débris sacrés un reste enseveli,
   Et, dans ce désert embelli
Par l'Anio grondant dans sa chute rapide,
   Respirer la poussière humide
    Des cascades de Tivoli.
  Puissé-je, hélas ! au doux bruit de leur onde,
  Finir mes jours ainsi que mes revers !
   Ce petit coin de l'univers
Rit plus à mes regards que le reste du monde.
L'olive, le citron, la noix chère à Palès,
Y rompent de leur poids les branches gémissantes ;
Et sur le mont voisin les grappes mûrissantes
Ne portent point envie aux raisins de Calès.

N° XIV.—Lettre XLVI.

SUR LE PANTHÉON.

Corinne, liv. IV, ch. 2.

Oswald et Corinne allèrent d'abord au Panthéon, qu'on appelle aujourd'hui Sainte-Marie de la Rotonde. Partout, en Italie, le catholicisme a hérité du paganisme ; mais le Panthéon est le seul temple antique à Rome qui soit conservé tout entier, le seul où l'on puisse remarquer dans son ensemble la beauté de l'architecture des anciens et le caractère particulier de leur culte. Oswald et Corinne s'arrêtèrent sur la place du Panthéon, pour admirer le portique de ce temple et les colonnes qui le soutiennent.

Corinne fit observer à lord Nelvil que le Panthéon était construit de manière qu'il paraissait beaucoup plus grand qu'il ne l'est. — L'église Saint-Pierre, dit-elle, produira un effet tout différent. L'illusion si favorable au Panthéon vient, à ce qu'on assure, de ce qu'il y a plus d'espace entre les colonnes, et que l'air joue librement autour ; mais surtout de ce que l'on n'y aperçoit presque point d'ornements de détail, tandis que Saint-

Pierre en est surchargé. C'est ainsi que la poésie antique ne dessinait que les grandes masses, et laissait à la pensée de l'auditeur à remplir les intervalles, à suppléer les développements : en tout genre nous autres modernes nous disons trop.

Ce temple, continua Corinne, fut consacré par Agrippa, le favori d'Auguste, à son ami, ou plutôt à son maître. Cependant ce maître eut la modestie de refuser la dédicace du temple ; et Agrippa se vit obligé de le dédier à tous les dieux de l'Olympe, pour remplacer le dieu de la terre, la puissance. Il y avait un char de bronze au sommet du Panthéon, sur lequel étaient placées les statues d'Auguste et d'Agrippa. De chaque côté du portique, ces mêmes statues se retrouvaient sous une autre forme ; et sur le frontispice du temple on lit encore : Agrippa l'a consacré. Auguste donna son nom à son siècle, parce qu'il a fait de ce siècle une époque de l'esprit humain. Les chefs-d'œuvre, en divers genres, de ses contemporains, formèrent, pour ainsi dire, les rayons de son auréole. Il sut honorer habilement les hommes de génie qui cultivaient les lettres, et dans la postérité sa gloire s'en est bien trouvée.

Entrons dans le temple, dit Corinne. Vous le voyez, il reste découvert, presque comme il l'était autrefois. On dit que cette lumière qui venait d'en haut était l'emblème de la divinité supérieure à toutes les divinités. Les païens ont toujours aimé les images symboliques. Il semble, en effet, que ce langage convient mieux à la religion que la parole. La pluie tombe souvent sur ces parvis de marbre ; mais aussi les rayons du soleil viennent éclairer les prières. Quelle sérénité ! Quel air de fête on remarque dans cet édifice ! Les païens ont divinisé la vie, et les chrétiens ont divinisé la mort : tel est l'esprit des deux cultes...

Dans l'intérieur du sanctuaire du Panthéon sont les bustes de nos artistes les plus célèbres : ils décorent les niches où l'on avait placé les dieux des anciens. Comme, depuis la destruction de l'empire des Césars, nous n'avons presque jamais eu d'indépendance politique en Italie, on ne trouve point ici des hommes d'état ni de grands capitaines. C'est le génie de l'imagination qui fait notre seule gloire ; mais ne trouvez-vous pas, milord, qu'un peuple qui honore ainsi les talents qu'il possède mériterait une plus noble destinée ? — Je suis sévère pour les nations, répondit Oswald ; je crois toujours qu'elles méritent leur sort, quel qu'il soit. — Cela est dur, reprit Corinne ; peut-être, en vivant en Italie, éprouverez-vous un sentiment d'attendrissement, sur le beau pays que la nature semble avoir paré comme une victime; mais du moins souvenez-vous que notre plus chère espérance, à nous autres artistes, à nous autres amants de la gloire, c'est d'obtenir une place ici....

Elle s'arrêta sous le portique. — Là, dit-elle à lord Nelvil, était une urne de porphyre de la plus grande beauté, transportée maintenant à Saint-Jean-de-Latran. Elle contenait les cendres d'Agrippa, qui furent placées au pied de la statue qu'il s'était élevée à lui-même. Les anciens mettaient tant de soin à adoucir l'idée de la destruction, qu'ils savaient en écarter ce qu'elle peut avoir de lugubre et d'effrayant. Il y avait d'ailleurs tant de magnificence dans leurs tombeaux, que le contraste du néant de la mort et des splendeurs de la vie s'y faisait moins sentir. Il est vrai aussi que l'espérance d'un autre monde étant chez eux beaucoup moins vive que chez les chrétiens, les païens s'efforçaient de disputer à la mort le souvenir que nous déposons sans crainte dans le sein de l'Éternel.

Oswald soupira, et garda le silence. Les idées mélancoliques ont beaucoup de charme, tant qu'on n'a pas été soi-même profondément malheureux; mais quand la douleur, dans toute son âpreté, s'est emparée de l'âme, on n'entend plus sans tressaillir de certains mots, qui jadis n'excitaient en nous que des rêveries plus ou moins douces.

N° XV.—Lettre XLIX.

SUR LE CAPITOLE,

LE FORUM ET LE COLYSÉE.

Oswald et Corinne s'arrêtèrent pour considérer les deux lions de basalte qu'on voit au pied de l'escalier du Capitole. Ils viennent d'Égypte : les sculpteurs égyptiens saisissent avec bien plus de génie la figure des animaux que celle des hommes. Ces lions du Capitole sont noblement paisibles, et leur genre de physionomie est la véritable image de la tranquillité dans la force.

> A guisa di leon, quando si posa [*].
> DANTE.

Non loin de ces lions, on voit une statue de Rome mutilée, que les Romains modernes ont placée là, sans songer qu'ils donnaient ainsi le plus parfait emblème de leur Rome actuelle. Cette statue n'a ni tête ni pieds, mais le corps et la draperie qui restent ont encore des beautés antiques. Au haut de l'escalier sont deux colosses,

[*] A la manière du lion, quand il se repose.

qui représentent, à ce qu'on croit, Castor et Pollux, puis les trophées de Marius, puis deux colonnes milliaires qui servaient à mesurer l'univers romain, et la statue équestre de Marc-Aurèle, belle et calme au milieu de ces divers souvenirs. Ainsi tout est là : les temps héroïques représentés par les Dioscures, la république par les lions, les guerres civiles par Marius, et les beaux temps des empereurs par Marc-Aurèle.

En avançant vers le Capitole moderne, on voit à droite et à gauche deux églises, bâties sur les ruines du temple de Jupiter Férétrien et de Jupiter Capitolin. En avant du vestibule est une fontaine présidée par deux fleuves, le Nil et le Tibre, avec la Louve de Romulus. On ne prononce pas le nom du Tibre comme celui des autres fleuves sans gloire; c'est un des plaisirs de Rome que de dire : « Conduisez-moi sur les bords du Tibre ; » traversons le Tibre. » Il semble qu'en prononçant ces paroles, on évoque l'histoire et qu'on ranime les morts. En allant au Capitole du côté du Forum, on trouve à droite les prisons Mamertines. Ces prisons furent d'abord construites par Ancus Martius, et servaient alors aux criminels ordinaires. Mais Servius Tullius en fit creuser sous terre de beaucoup plus cruelles, pour les criminels d'état, comme si ces criminels n'étaient pas ceux qui méritent le plus d'égards, puisqu'il peut y avoir de la bonne foi dans leurs erreurs. Jugurtha et les complices de Catilina périrent dans ces prisons. On dit aussi que saint Pierre et saint Paul y ont été renfermés. De l'autre côté du Capitole est la roche Tarpéïenne; au pied de cette roche on trouve un hôpital appelé l'Hôpital de la Consolation. Il semble que l'esprit sévère de l'antiquité et la douceur du christianisme soient ainsi rapprochés dans Rome à travers les siècles, et se montrent aux regards comme à la réflexion.

Quand Oswald et Corinne furent arrivés au haut de la tour du Capitole, Corinne lui montra les sept collines, la ville de Rome bornée d'abord au mont Palatin, ensuite aux murs de Servius Tullius qui renfermaient les sept collines, enfin aux murs d'Aurélien, qui servent encore aujourd'hui d'enceinte à la plus grande partie de Rome. Corinne rappela les vers de Tibulle et de Properce qui se glorifient des faibles commencements dont est sortie la maîtresse du monde *. Le mont Pa-

---

* Capite nunc, tauri, de septem collibus herbas,
    Dum licet. Hic magnæ jam locus urbis erit.
                        TIBULLE.

Hoc quodcumque vides, hospes, quàm maxima Roma est;
    Ante Phrygem Æneam collis et herba fuit, etc.
                        PROPERCE.

latin fut à lui seul tout Rome, pendant quelque temps; mais dans la suite le palais des empereurs remplit l'espace qui avait suffi pour une nation. Un poëte du temps de Néron fit à cette occasion cette épigramme * : « Rome ne sera bientôt plus » qu'un palais. Allez à Véies, Romains, si toute- » fois ce palais n'occupe pas déjà Véies même. »

Les sept collines sont infiniment moins élevées qu'elles ne l'étaient autrefois lorsqu'elles méritaient le nom de Monts Escarpés. Rome moderne est élevée de quarante pieds au-dessus de Rome ancienne. Des vallées, qui séparaient les collines, se sont presque comblées par le temps et par les ruines des édifices; mais, ce qui est plus singulier encore, un amas de vases brisés a élevé deux collines nouvelles **; et c'est presque une image des temps modernes que ces progrès ou plutôt ces débris de la civilisation, mettant de niveau les montagnes avec les vallées, effaçant au moral comme au physique toutes les belles inégalités produites par la nature.

Trois autres collines ***, non comprises dans les

* Roma domus fiet. Veios migrate, Quirites!
  Si non et Veios occupat ista domus.

** Les monts Citorio et Testacée.

*** Le mont Janicule, le mont Vatican et le mont Mario.

sept fameuses, donnent à la ville de Rome quelque chose de si pittoresque que c'est peut-être la seule ville qui, par elle-même et dans sa propre enceinte, offre les plus magnifiques points de vue. On y trouve un mélange si remarquable de ruines et d'édifices, de campagnes et de déserts, qu'on peut contempler Rome de tous les côtés, et voir toujours un tableau frappant dans la perspective opposée.

Oswald ne pouvait se lasser de considérer les traces de l'antique Rome, du point élevé du Capitole où Corinne l'avait conduit. La lecture de l'histoire, les réflexions qu'elle excite, agissent bien moins sur notre ame que ces pierres en désordre, que ces ruines mêlées aux habitations nouvelles. Les yeux sont tout-puissants sur l'ame : après avoir vu les ruines romaines, on croit aux antiques Romains, comme si l'on avait vécu de leur temps. Les souvenirs de l'esprit sont acquis par l'étude : les souvenirs de l'imagination naissent d'une impression plus immédiate et plus intime, qui donne de la vie à la pensée et nous rend, pour ainsi dire, témoins de ce que nous avons appris. Sans doute, on est importuné de tous les bâtiments modernes qui viennent se mêler aux antiques débris. Mais un portique debout à côté d'un humble toit ; mais des colonnes entre lesquelles de petites fenêtres d'église sont pratiquées, un tombeau servant d'asile à toute une famille rustique, produisent je ne sais quel mélange d'idées grandes et simples, je ne sais quel plaisir de découverte qui inspire un intérêt continuel. Tout est commun, tout est prosaïque dans l'extérieur de la plupart de nos villes européennes, et Rome, plus souvent qu'aucune autre, présente le triste aspect de la misère et de la dégradation ; mais tout à coup une colonne brisée, un bas-relief à demi détruit, des pierres liées à la façon indestructible des architectes anciens, vous rappellent qu'il y a dans l'homme une puissance éternelle, une étincelle divine, et qu'il ne faut pas se lasser de l'exciter en soi-même et de la ranimer dans les autres.

Ce Forum, dont l'enceinte est si resserrée et qui a vu tant de choses étonnantes, est une preuve frappante de la grandeur morale de l'homme. Quand l'univers, dans les derniers temps de Rome, était soumis à des maîtres sans gloire, on trouve des siècles entiers dont l'histoire peut à peine conserver quelques faits ; et ce Forum, petit espace, centre d'une ville alors très circonscrite, et dont les habitants combattaient autour d'elle pour son territoire, ce Forum n'a-t-il pas occupé, par les souvenirs qu'il retrace, les plus beaux génies de tous les temps? Honneur donc, éternel honneur aux peuples courageux et libres, puisqu'ils captivent ainsi les regards de la postérité!

Corinne fit remarquer à lord Nelvil qu'on ne trouvait à Rome que très peu de débris des temps républicains. Les aquéducs, les canaux construits sous terre pour l'écoulement des eaux, étaient le seul luxe de la république et des rois qui l'ont précédée. Il ne nous reste d'elle que des édifices utiles, des tombeaux élevés à la mémoire de ses grands hommes, et quelques temples de brique qui subsistent encore. C'est seulement après la conquête de la Sicile, que les Romains firent usage, pour la première fois, du marbre pour leurs monuments; mais il suffit de voir les lieux où de grandes actions se sont passées, pour éprouver une émotion indéfinisable. C'est à cette disposition de l'ame qu'on doit attribuer la puissance religieuse des pélerinages...

On ne voit plus sur le Forum aucune trace de cette fameuse tribune d'où le peuple romain était gouverné par l'éloquence. On y trouve encore trois colonnes d'un temple élevé par Auguste, en l'honneur de Jupiter Tonnant, lorsque la foudre tomba près de lui sans le frapper; un arc de triomphe à Septime Sévère, que le sénat lui éleva pour récompense de ses exploits. Les noms de ses deux fils, Caracalla et Géta, étaient inscrits sur le fronton de l'arc; mais, lorsque Caracalla eut assassiné Géta, il fit ôter son nom, et l'on voit encore la trace des lettres enlevées. Plus loin est un temple à Faustine, monument de la faiblesse aveugle de Marc-Aurèle; un temple à Vénus, qui, du temps de la république, était consacré à Pallas; un peu plus loin, les ruines du temple dédié au Soleil et à la Lune, bâti par l'empereur Adrien, qui était jaloux d'Apollodore, fameux architecte grec, et le fit périr pour avoir blâmé les proportions de son édifice.

De l'autre côté de la place, l'on voit les ruines de quelques monuments consacrés à des souvenirs plus nobles et plus purs : les colonnes d'un temple qu'on croit être celui de Jupiter Stator, Jupiter qui empêchait les Romains de jamais fuir devant leurs ennemis; une colonne, débris d'un temple de Jupiter Gardien, placé, dit-on, non loin de l'abîme où s'est précipité Curtius; des colonnes d'un temple élevé, les uns disent à la Concorde, les autres à la Victoire. Peut-être les peuples conquérants confondent-ils ces deux idées, et pensent-ils qu'il ne peut exister de véritable paix que quand ils se sont soumis l'univers. A l'extrémité du mont Palatin s'élève un bel arc de triomphe dédié à Titus, pour la conquête de Jérusalem.

On prétend que les Juifs qui sont à Rome ne passent jamais sous cet arc, et l'on montre un petit chemin qu'ils prennent, dit-on, pour l'éviter. Il est à souhaiter, pour l'honneur des Juifs, que cette anecdote soit vraie : les longs ressouvenirs conviennent aux longs malheurs.

Non loin de là est l'arc de Constantin, embelli de quelques bas-reliefs enlevés au Forum de Trajan par les chrétiens, qui voulaient décorer le monument consacré au fondateur du repos : c'est ainsi que Constantin fut appelé. Les arts, à cette époque, étaient déjà dans la décadence, et l'on dépouillait le passé pour honorer de nouveaux exploits. Ces portes triomphales, que l'on voit encore à Rome, perpétuaient, autant que les hommes le peuvent, les honneurs rendus à sa gloire. Il y avait sur leurs sommets une place destinée aux joueurs de flûte et de trompette, pour que le vainqueur, en passant, fût enivré tout à la fois par la musique et par la louange, et goûtât dans un même moment toutes les émotions les plus exaltées.

En face de ces arcs de triomphe sont les ruines du temple de la Paix, bâti par Vespasien. Il était tellement orné de bronze et d'or dans l'intérieur, que, lorsqu'un incendie le consuma, des laves de métaux brûlants en découlèrent jusque dans le Forum.

Enfin le Colysée, la plus belle ruine de Rome, termine la noble enceinte où comparaît toute l'histoire. Ce superbe édifice, dont les pierres seules, dépouillées de l'or et des marbres, subsistent encore, servit d'arène aux gladiateurs combattant contre les bêtes féroces. C'est ainsi qu'on amusait et trompait le peuple romain par des émotions fortes, alors que les sentiments naturels ne pouvaient plus avoir d'essor. L'on entrait par deux portes dans le Colysée : l'une, qui était consacrée aux vainqueurs; l'autre, par laquelle on emportait les morts. Singulier mépris pour l'espèce humaine, que de destiner d'avance la mort ou la vie de l'homme au simple passe-temps d'un spectacle ! Titus, le meilleur des empereurs, dédia ce Colysée au peuple romain ; et ces admirables ruines portent avec elles un si beau caractère de magnificence et de génie, qu'on est tenté de se faire illusion sur la véritable grandeur, et d'accorder aux chefs-d'œuvre de l'art l'admiration qui n'est due qu'aux monuments consacrés à des institutions généreuses.

N° XVI.—Lettre L.

ÉLÉGIE DE TIBULLE.

Liv. II, Élég. 5, v. 27.

Lacte madens illic suberat Pan ilicis umbræ,
    Et facta agresti lignea falce Pales;
Pendebatque vagi pastoris in arbore votum
    Garrula silvestri fistula sacra deo,
Fistula cui semper decrescit arundinis ordo;
    Nam calamus cerâ jungitur usque minor.
At, quà Velabri regio patet, ire solebat
    Exiguus pulsâ per vada linter aquâ.
Illa sæpè gregis diti placitura magistro,
    Ad juvenem festâ est vecta puella die;
Cum quâ fœcundi redierunt munera ruris
    Caseus et niveæ candidus agnus ovis.

FIN DU PREMIER VOLUME.

TABLE
DU PREMIER VOLUME.

                                                    Pages

AVERTISSEMENT.   j

NOTICE SUR DU PATY.   iv

LETTRE Ire. A Avignon. — Description de la fontaine de Vaucluse.   1

LETTRE II. A Avignon.—Condamnation aux galères, par le vice-légat, d'un homme reconnu depuis innocent, d'une manière extraordinaire.   5

LETTRE III. A Toulon. — Idée de cette ville. — Régime des galères. — Extraits des registres. — Événement singulier parmi les galériens.   10

LETTRE IV. A Nice. — Description de Nice.   15

LETTRE V. A Nice. — Détails sur Nice. — Dîner chez M. Thomas.   18

LETTRE VI. A Monaco. — Idée de la principauté de Monaco.   21

LETTRE VII. A Gênes.—Plusieurs tableaux. —La Mort d'Holopherne.—Une Assomption de Guido Réni. — La Mort de Cléopâtre.   24

LETTRE VIII. A Gênes. — Magnificence du

palais du Sénat. — Détails sur la ville de Gênes.—Ignorance et insouciance des nobles.—L'hôpital des malades. 29

Lettre IX. A Gênes. — Détails sur le commerce, sur la banque, sur la police. 34

Lettre X. A Gênes. — Idée du palais de Durazzo. — Plusieurs tableaux. — Une Madelaine de Paul Véronèse. — Olinde et Sophronie attachés à un bûcher. 39

Lettre XI. A Gênes. — Tableau représentant la mort de Sénèque. 42

Lettre XII. A Gênes.—Description des galères. — Sort des galériens volontaires et des Turcs pris par les corsaires génois. 44

Lettre XIII. A Gênes.—Portrait de M. Lomellini, ex-doge. — Description de ses jardins du *Poggio*. 48

Lettre XIV. A Gênes.—L'hôpital des incurables. 55

Lettre XV. A Gênes. — Tableau de l'Albane, représentant un sujet pastoral. 57

Lettre XVI. A Gênes.—Détails sur le gouvernement. 59

Lettre XVII. A Gênes.—Détails sur l'administration de la justice. 64

Lettre XVIII. A Gênes.—Continuation du même sujet. 67

TABLE.

Lettre XIX. A Gênes. — Continuation du même sujet. — Opinion des Génois sur l'ouvrage de M. Necker qui a pour titre : *De l'administration des Finances.* 69

Lettre XX. A Gênes. — Le cicisbéisme. — La parure des Génoises. — Détails sur les mœurs. 72

Lettre XXI. A Gênes.—L'*Albergo de poveri*.—Médaillon en marbre, par Michel-Ange.—Assomption du Puget. 76

Lettre XXII. A Gênes. — Église. — Statue de saint Sébastien, par le Puget. 78

Lettre XXIII. A Lucques.—Idée de cet état. —Opinion du peuple sur son gouvernement. 80

Lettre XXIV. A Pise. — Sa situation. — Accident singulier dans le dôme ou la cathédrale. — Description du *Campo Santo*. 94

Lettre XXV. A Florence.—Gouvernement du grand-duc.—Mots de ce prince. 98

Lettre XXVI. A Florence. — Critiques du gouvernement du grand-duc.—Réponse à ces critiques. — Conversation avec les enfants du grand-duc. 105

Lettre XXVII. A Florence.—Idée de la galerie. — Cheval en marbre. — Statue de

César. — Statue d'Apollon. — Statue de Flore. — Statue de Mercure. — Statue de Bacchus. — Une autre de Bacchus, par Michel-Ange.—Bustes des empereurs romains. 115

Lettre XXVIII. A Florence. — Tableau de Michel-Ange.—Arabesque du même. 122

Lettre XXIX. A Florence. — L'improvisatrice Corilla.—Observations sur la langue italienne.—Nardini, célèbre musicien. 124

Lettre XXX. A Florence. — La Vénus de Médicis. 128

Lettre XXXI. A Florence.—Le prétendant et sa fille, la duchesse d'.... 132

Lettre XXXII. A Florence. — Suite de la description de la galerie. — Plusieurs statues.—Le salon de Niobé. — Plusieurs tableaux. — Joseph et Putiphar. — Saint François. — La Madelaine dans un désert. 135

Lettre XXXIII. A Florence.—Idée du cabinet d'histoire naturelle. — M. Fontana, garde de ce cabinet.—Éloge de ce savant. 141

Lettre XXXIV. A Florence. — La cathédrale. 147

Lettre XXXV. A Florence. — Maison de campagne du grand-duc. 149

TABLE.

Lettre XXXVI. A Florence.—Bibliothèque impériale.—Maison de Michel-Ange. 151

Lettre XXXVII. A Florence. — Le palais Corsini.—Plusieurs tableaux.—La Poésie. — Saint Sébastien. — Silène, par l'Albane. 153

Lettre XXXVIII. A Florence. — Système politique du grand-duc. — Dangers qu'il court. 155

Lettre XXXIX. A Florence. — L'Amour, du Corrège. 158

Lettre XL. A Florence.—Palais Pitti.—Salon des Quatre Fins de l'homme. — Mort du riche et du pauvre. — Jardin du palais Pitti. 160

Lettre XLI. A Florence. — Académies. — Séance publique. — Observations sur la langue italienne. 164

Lettre XLII. A Florence. — Académie des arts. 169

Lettre XLIII. A Florence. — Le palais Riccardi.—Plafond peint par le Giordano. 171

Lettre XLIV. A Rome. —Description de la route de Livourne à Florence, et de Florence à Rome. 175

Lettre XLV. A Rome.—Arrivée de l'auteur à Rome. 180

Lettre XLVI. A Rome. — Description du Panthéon.—Réflexions sur l'architecture. — Tombeau de Raphaël. 183
Lettre XLVII. A Rome. — Fête de saint Louis de Gonzague. — Église de Saint-Ignace. — Artifice des jésuites. 195
Lettre XLVIII. A Rome. — Le *Bambino*. 200
Lettre XLIX. A Rome. — Le Capitole. 202
Lettre L. A Rome.—Promenade sur la voie Appia. — Le Vélabre. — Le tombeau de Cecilia Metella. 204
Lettre LI. A Rome.—Le Forum. 208
Lettre LII. A Rome.—Tivoli. 211
Lettre LIII. A Rome. — Route de Rome à Tivoli. 212
Lettre LIV. A Tivoli.—La grande cascade. 216
Lettre LV. A Tivoli.—Les Cascatelles. 219
Lettre LVI. A Tivoli. — Le temple de la Sybille. 224
Lettre LVII. A Rome.—Incendie *del Borgo*, par Raphaël. 227
Lettre LVIII. A Frascati.—Idée des villa de Frascati. 234
Lettre LIX. A Rome.—L'Hercule du palais Farnèse. 239
Lettre LX. A Rome. — Sur la beauté des Romaines.—Sur leur voix. 250

TABLE.

Lettre LXI. A Rome.—Singulière bulle d'un pape. 256
Lettre LXII. A Rome. — Plusieurs monuments. — Tombeau d'Auguste. — Obélisque égyptien. — Colonne trajane. — Les chevaux *di monte Cavallo.* 257

Appendices.

N° I.—Stance de Pétrarque. 262
II.—La fontaine de Vaucluse. 264
III.—Vers de Delille. 267
IV.—Lettre de Du Saulx. 269
V.—Sonnet de Filicaja. 272
VI.—Sonnet d'Alfieri sur les Italiens. 274
VII.—Vers de Bertin sur l'Italie. 276
VIII.—Vers de Navagero sur l'Italie. 277
IX.—Vers latins. 278
X.—Improvisation de Corinne au Capitole. 281
XI.—Sur Florence. 290
XII.—Sonnet d'Alfieri sur Rome. 296
XIII.—Vers de Bertin sur Rome. 297
XIV.—Sur le Panthéon. 299
XV.—Sur le Capitole. 303
XVI.—Fragment de Tibulle. 313

FIN DE LA TABLE DU PREMIER VOLUME.

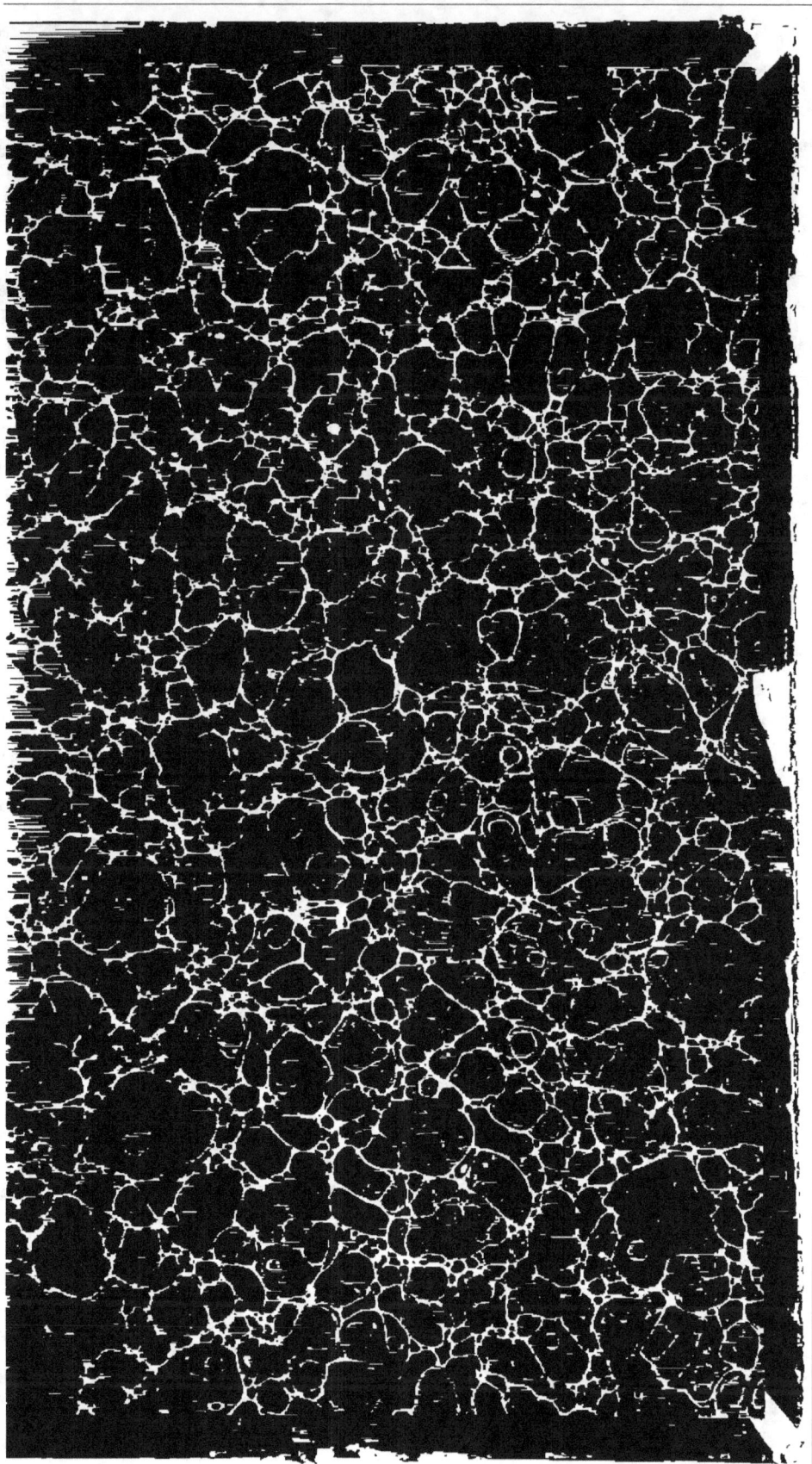

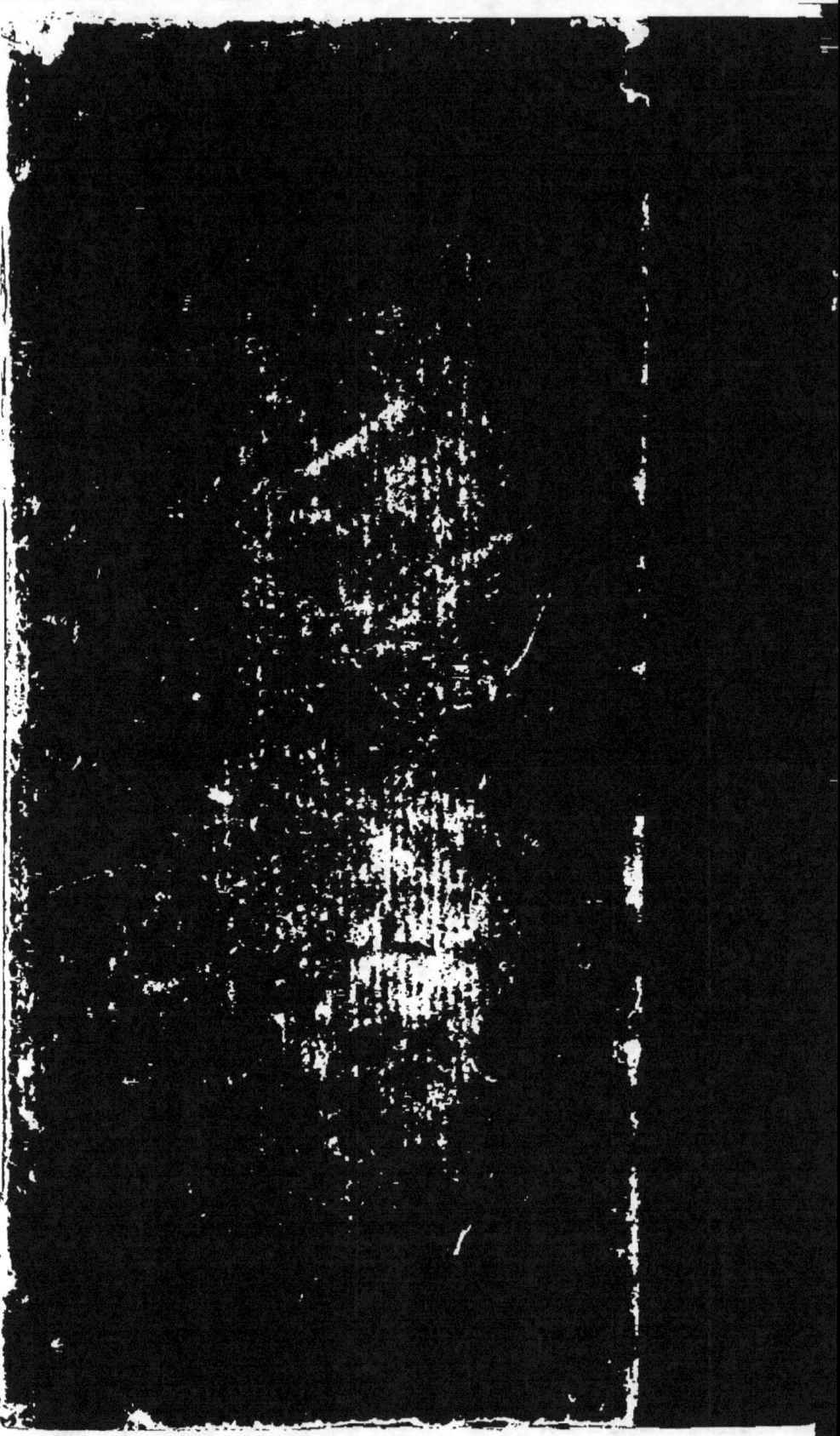

www.ingramcontent.com/pod-product-compliance
Lightning Source LLC
Chambersburg PA
CBHW071942220426
43662CB00009B/963